豊かな遊びを引き出す

手作り遊具

東間掬子 著

チャイルド本社

はじめに

遊びの環境次第で、子どもの育ちはぐーんと変わってきます。
低予算でも、狭いスペースでも、工夫次第で豊かな遊びの環境を用意することは可能です。
本書ではおもしろくて安全な手作り遊具を多数紹介しました。
この一冊で、保育室と園庭の遊びが変わります！
保育学会の研究結果でも、この本で紹介する手作り遊具は、群を抜く遊びの質の高さを誇っています。
ぜひ、この手作り遊具を試して、効果を実感してください。

東間掬子

手作り遊具による新しい遊びの環境作り

- 手作り遊具は、簡単に、数多く作ることができます。
- 遊具が増えると、子どもの心が安定し、落ち着いて遊ぶ姿に変わってきます。
- 可動遊具※P3 の遊びは、考え、工夫する“創造”活動です。
- “創造”に引っ張られて、手作り遊具から、いろいろな遊びが生まれてきます。
- 設置遊具※P3 は組み合わせ工夫遊びの“発生地”になり、子どもたちの自然な交流を促します。

保育者の願いをかなえる手作り遊具

少ない費用で簡単に	どの子にもいろいろな遊具が行き渡ります。
遊び場が狭くても	可動遊具なら空いている場所へ運んで遊べます。
けがが少なくなった	体を動かして遊ぶので“転倒”が少なくなります。
遊びのマンネリを脱出	自主活動を中心に長い時間楽しい遊びが続きます。
5歳卒園時の“育ち”に差	可動遊具で乳児組から遊んだら、卒園時の育ちが違ってきます。

可動遊具、設置遊具、遊具置き場が遊びを一挙に変える

可動遊具（クリエイティブ遊具）とは

子どもが自分で出し入れし、動かせる遊具。
遊具置き場は、多種多数の可動遊具類を子どもが自分たちで自由に出し入れできるような場所とします。また、1か所に固めず、数か所に分ける配慮をしましょう。

設置遊具（コア・アトラクション）とは

設置や移動は大人が行う、大型で重量のある遊具。
狭い庭を有効活用できるよう、遊んでほしい場に設置しましょう。遊びの拠点や交流の場になります。

園庭の遊具置き場

遊びシート（敷物）類、玩具かご等をまとめる置き場です。庭のあちこちに数か所作りましょう。設置遊具等へシート類を運び込みやすくなり、遊びが発展していきます。

もくじ

第1章 室内遊具の作り方と遊び方

第2章 園庭遊具の作り方と遊び方

可動遊具

設置遊具

第3章 安全に遊ぶために

手作り可動遊具が、
いろいろな宝を
引っ張って来た！

室内や園庭に、
手作り可動遊具を置くと、
こんなにいろいろな
メリットがあります。

第1章

室内遊具の作り方と遊び方

データ 乳児の60%、幼児の40%が大きく体を動かしている

（発達心理学会 2002年研究発表）

乳児の60%は「動いて遊びたい！」
40%が「座って遊びたい」

幼児の40%は「動いて遊びたい！」
60%が「座って遊びたい」

ねらい

- 子ども本位の自然な遊びを促す
  → 体が大きく動く率（乳児は60%、幼児は40%）を参考に、人数に合わせて、可動遊具類を導入するようにしましょう。
- 部屋が狭くても体を動かせる
  → 可動遊具の遊びは、あまり場所を取らずにダイナミックな動きができます。
- トラブルが減少し、遊びの“質”が上がる
  → 走り回る子どもや子ども同士のトラブルが激減。組み合わせや構築など、考えて工夫する遊びが増えます。
- 人間関係が好転する
  → 仲間遊び、一人遊び、一人休みの場所を自分で作り、互いの活動を尊重できるようになります。

提案

- 可動遊具を多種多数作り、出し入れや遊びを子どもの自由にさせてみましょう。
- 環境作りでは、遊びの場を広く取り、テーブルの上や廊下も遊びに活用してみましょう。
- 異年齢の部屋を自由に行き来できる保育をしてみましょう。

幼児室での自主的な遊びを促す環境設定（4歳）

四連パック等を多数玄関先や廊下にも置くと、大型の構築物を協同で作り始めるようになります。

四連パックやぱたぱたは収納に場所を取りません。

大きく体を動かせる遊具は、「動」のスペースにまとめておきます。

- 幼児室では、「動」のスペースを 40%、「静」のスペースを 60%で配分した環境作りをしましょう。
- 「動」のスペースには体を大きく動かせるような遊具を置きます。
- 「静」のスペースでは、自分のスペースを作ったり集中して遊んだりできるようにしましょう。

遊びシートやぱたぱたで、まずはエリア作り。
一人遊びやカードやブロック等の仲間遊びが始まります。

仲間遊び、一人遊び、一人休みが自在にできるようにしましょう。
5 歳組ではテーブル、椅子等も自分たちで動かせると遊びの規模も大きくなってきます。

乳児室での自主的な遊びを促す環境設定（1歳）

遊具の“積み重ね”、“立て掛け”が始まったら、
安全のため周りに布団を敷いたり、そばにつくこと。

「自分で」、「探索活動」、「動きが多い」この成育期には自主活動ができる可動遊具が有効。

“散らかし”から遊びが高揚してきます。
↓
出し入れを自由に、片づけはなるべく最後に行いましょう。

奪い合いが起こらなくなるまで、牛乳パック遊具や
簡単ぱたぱた、遊びシート（敷物類）を増やしましょう。

- 乳児室では、「動」のスペースを 60%、「静」のスペースを 40%確保するようにしましょう。
- 0、1 歳児は可動遊具を使い、仲間遊び、一人遊び、一人休みの場を自ら構築できます。

（日本保育学会 2011 年研究発表）

遊んだ遊具類はそのまま置いておくと、子どもの視野が下方にも広がっていきます。

↓

踏むと転ぶ玩具類だけを除きましょう。

段ボール板を仕切り風に

ひとりぱたぱた

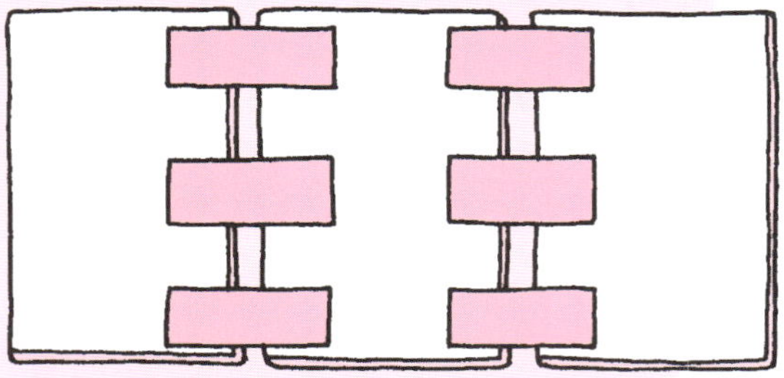

一人で過ごしたいときの優れもの。
合わせた扉を開けば、そこはもう自分だけの世界。

＊ 0～5歳

遊び方

一人で絵を見る。

机につっぷして休む。

一人で遊ぶ。

床に敷いて寝る。

乗せて引っ張る。

作り方

材料

- 段ボール（みかん箱ほどの大きさ）
- ガムテープ
- 子どもの描いた絵など

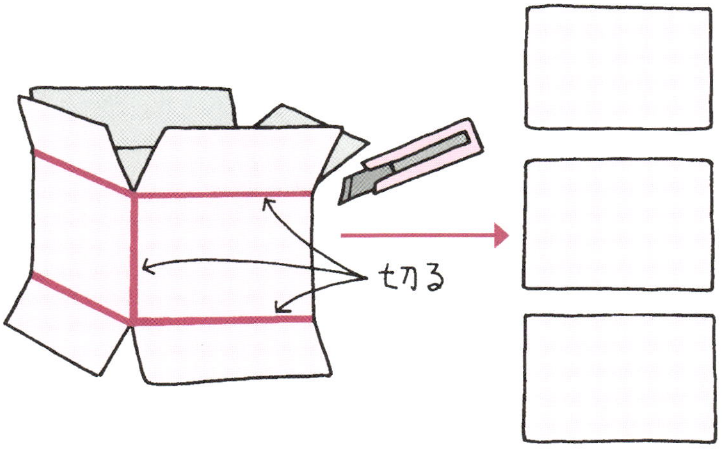

1 段ボールを３面切り取ります。３面は、どの面を使っても構いません。

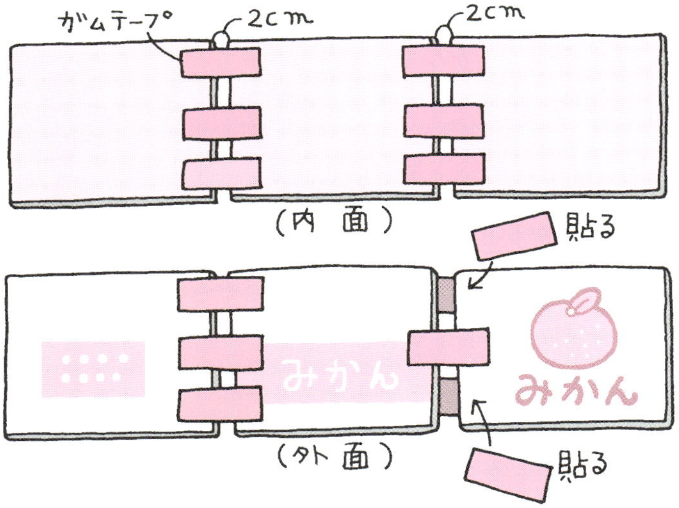

2 間を 2cm ほどあけて、ガムテープで貼ります。開閉しやすいように、ガムテープは表からと裏から貼り合わせるようにします。

3 内側に子どもの描いた絵などを貼ります。収納するときはたたんでしまうことができます。

Point

- 集中したいとき、また逆に休みたいとき、自分一人の空間を手早く作ることができます。
- たたんで場所をとらずに収納しておけるので、3、４個作って用意しておきましょう。
- 組み合わせてテリトリーを作って友達と遊んだり、他の遊具と組み合わせて遊んだりすることもできます。

段ボールを使った囲み

簡単ぱたぱた

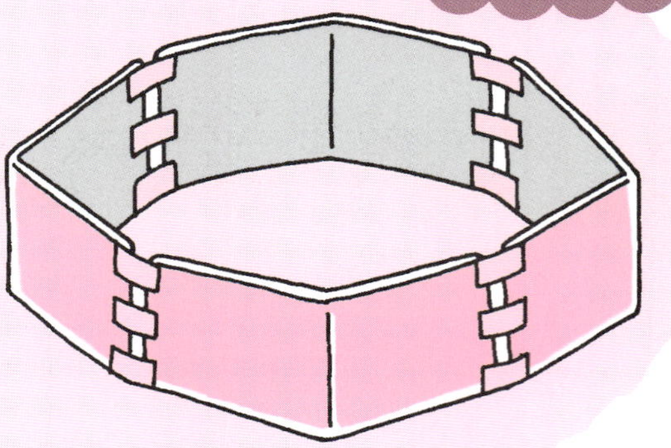

子どもは自分の周囲を囲まれることが好き。
丸みのある囲みは、子どもにとって願ってもない隠れ場所です。

＊ 0～5歳

遊び方

中に入って遊ぶ
（2人入って満員）。

作り方

材料

- 段ボール（りんご箱など、硬めのしっかりしたもの）
- 色紙や布など飾る素材
- ガムテープ
- 木工用接着剤

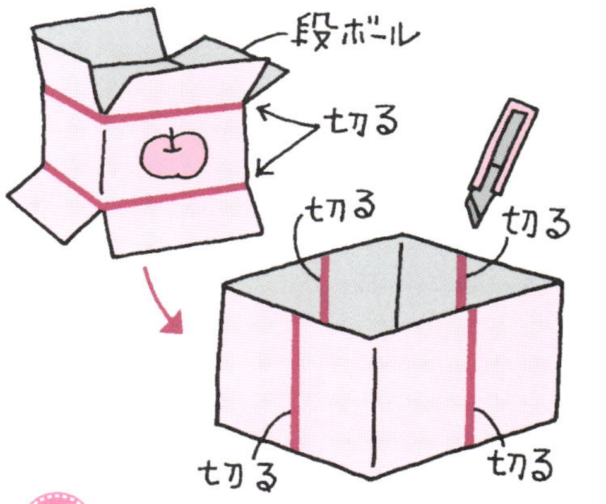

1 ふたと底部分を切り取ります。4面の真ん中を縦に切り分けます（段ボールの角の折り目を生かす）。

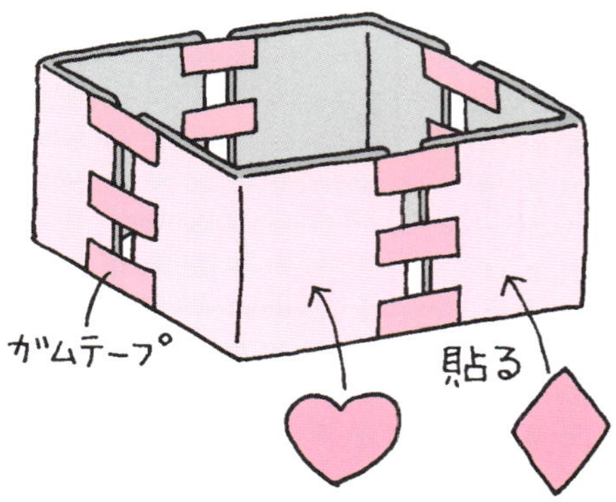

2 切り分けた間を3cmほどあけて、ガムテープで3か所貼ります。ガムテープは粘着面が隠れるように、裏からも貼り合わせるようにします。色紙や布などで飾ります。

Point

- 段ボールの角の折り目を生かして手早く作ることができます。
- 折りたためるので、いくつもしまっておけます。

古タイヤでできたクッション

タイヤまんじゅう

真ん中がふんわりと張っている大きなおまんじゅう。
0歳児が喜んでよじ登ります。他の年齢でも、
安定感があるのでいろいろな遊びを楽しめます。

＊0～2歳

遊び方

スルリと
中に入る。
全身で
バランスを取る。
中に入って
じっくり遊ぶ。
はって隣へ移動。

作り方

材料

- 乗用車用だった古タイヤ
- 風呂敷（古タイヤを包める大きさ）、または1辺90cmほどの四角い布
  ※古タイヤはよく洗って干しておきます。

1 風呂敷をピンと張って古タイヤを包みます。

2 裏返します。

Point

- 0歳児がふちに腰掛けてひっくり返っても大丈夫なように、外側に布団を敷くなどしておきましょう。
- 成長すると中に立ってバランスを取るなど、遊びが大きく楽しくなっていきます。

牛乳パックの大きなブロック

四連パック

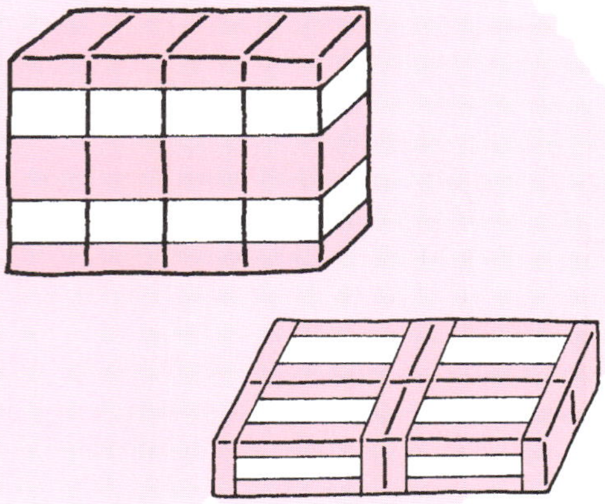

ただの重い箱なのに、なぜか運びたがり、持ちたがります。
作り上げるものは、年齢に応じて複雑になっていきます。

＊ 0～5歳

遊び方

▼ 0～1歳　長く横に並べて、よちよち橋を渡る。

▼ 1～3歳　椅子とテーブルに見立てておままごと。

▼ 2～3歳　ピラミッド状に積み上げて階段。

▼ 2～3歳　ぐるりと囲む。

▼ 4～5歳　階段状に積んだり並べたり。

作り方

材料

- 牛乳パック　４個
- 新聞紙
  1 パックにつき 20 ～ 22 枚
- 布ガムテープと
  カラーガムテープ

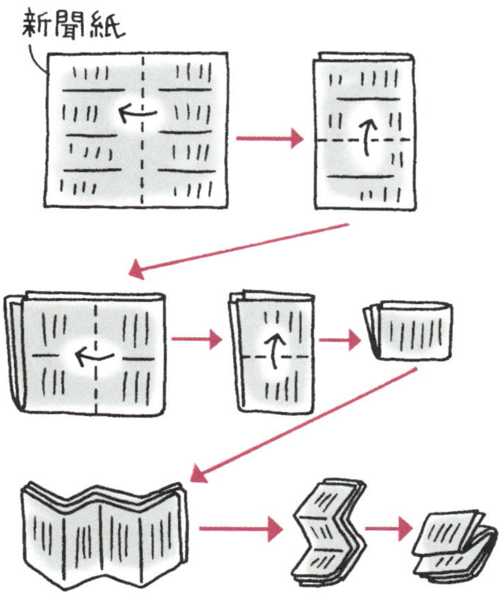

1. 新聞紙を二つ折りにすること４回。次にジャバラに四つと三つに折ります。
2. 牛乳パックの口を切り開いて、新聞紙をぎゅうぎゅうに詰めます（20 ～ 22 枚入る）。

3. 口を布ガムテープでしっかり閉じます。

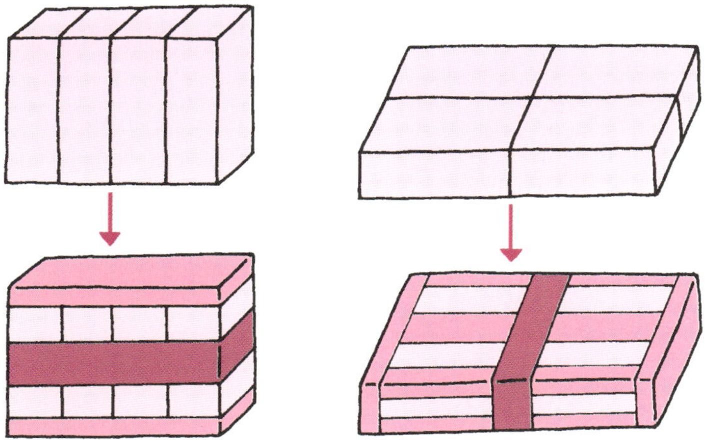

4. 同じものを４本作ってぴったり並べ、ふちを布ガムテープで包むように貼ります。上下とも貼りつけたら、上下面も布ガムテープで貼って固定します。さらに側面をカラーガムテープで巻いて固定します。

Point

- 踏んだときにつぶれないように、新聞紙はぎっしりと枚数分入れます。
- 1 クラスに 20 個ほどあると遊びに活気が出てきます。
- 高く積んだり立て掛けたりしたときは、落ちたり崩れたりする危険があるので、手が届く所で見守ります。

折ったござやジョイントマットで

遊びシート（室内用）

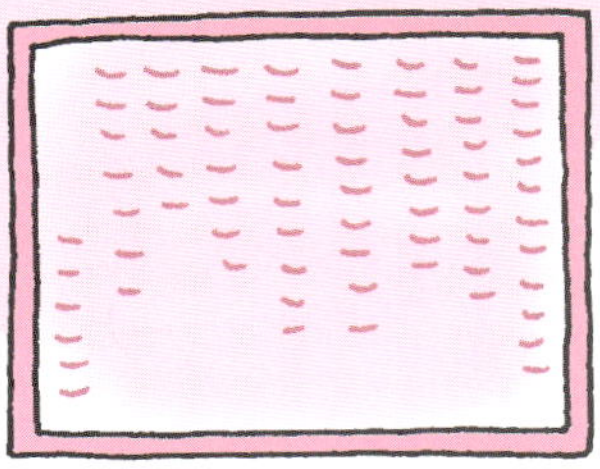

床に直接座るより、このような敷物がひとつあるだけで、くつろぎ感は格段にアップ。自発的な遊びが促され、長時間遊び続けます。

＊1～5歳

遊び方

▼1～2歳 自分でつなげて並べる。

▼1～5歳 おままごとが始まる。

▼3～4歳 ごろんごろん回る。

▼5歳 かぶって遊ぶ。

▼5歳 お布団の代わり？

作り方

材料

- ござ（または畳表）
- カラーガムテープ
- ジョイントマット（市販されているもので、表面が布加工されているもの。1辺30cmほど。多数必要）

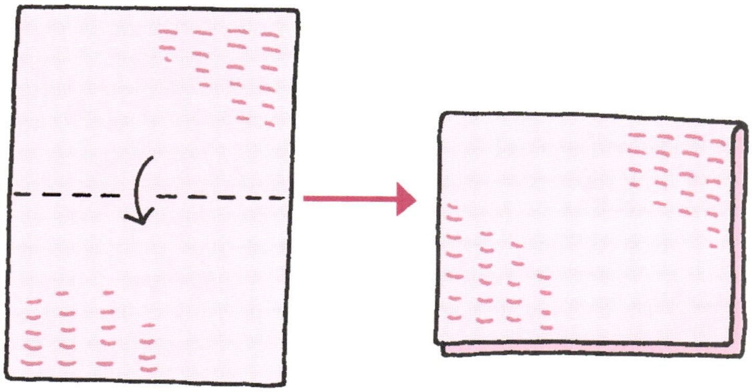

1 ござは、1畳分を半分に折り、2枚重ねにします。

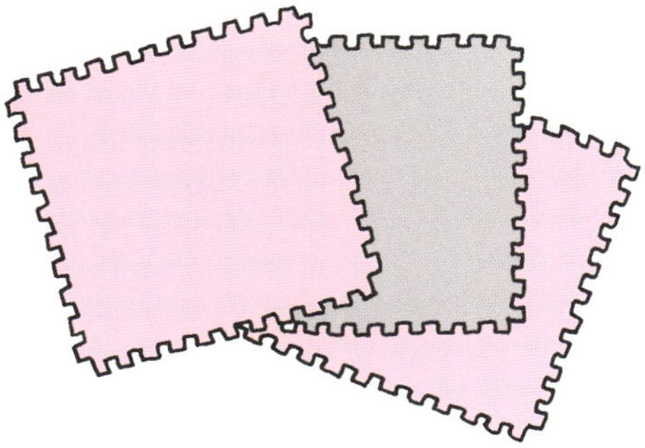

▲ジョイントマットは、購入します。

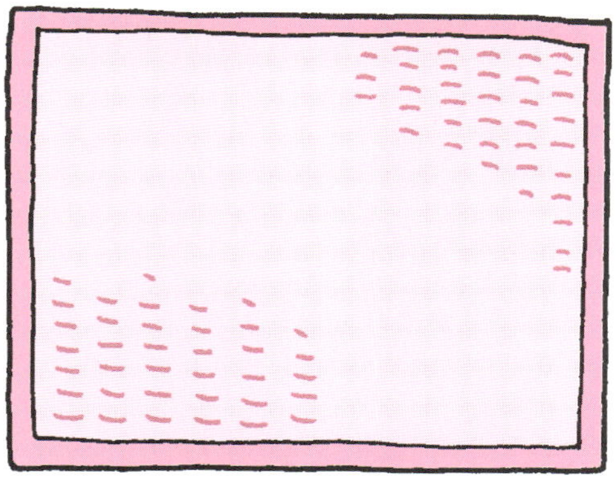

2 端をカラーガムテープで貼ります。

Point

- 畳屋さんがあったら、古い畳表をもらってみましょう。ござより強くて厚みがあり、しっかりしています。
- 遊びシートは、室内遊びで重宝します。いろいろな種類をなん十枚も用意しておきましょう。
- つなげたり並べたり、自分たちで場所作りをさせましょう。

大きな布のトンネル

探検シート

色はあえてこげ茶色などで。恐ろしい色の巨大シートに、最初は尻込みするけれど、だんだん探検心がわいてきます。

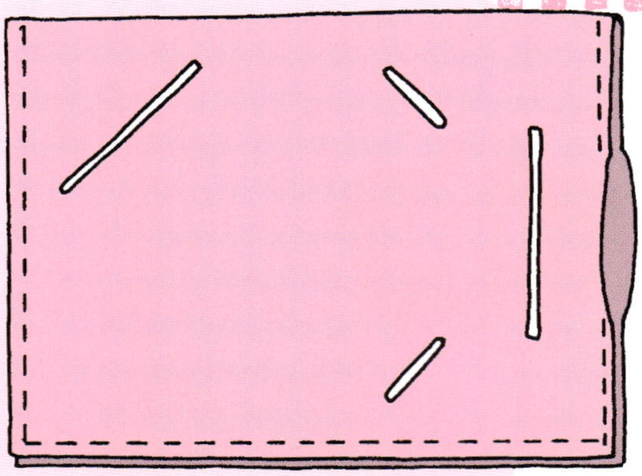

＊２～５歳

遊び方

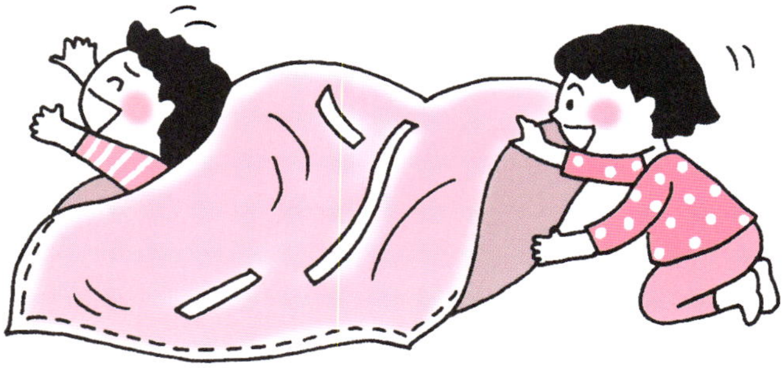

もぐって出る。

５人くらいもぐっちゃう。

体に巻きつける。

スカートみたいに？

作り方

材料

- こげ茶色の生地（140cm 幅× 190cm ほど）
- 裾上げテープ

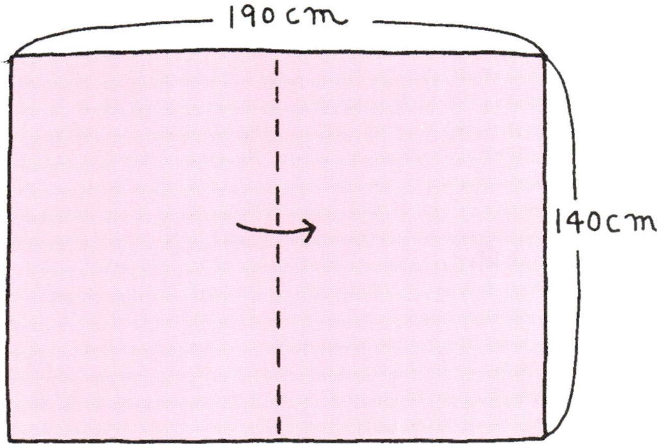

1 二つに折ります。

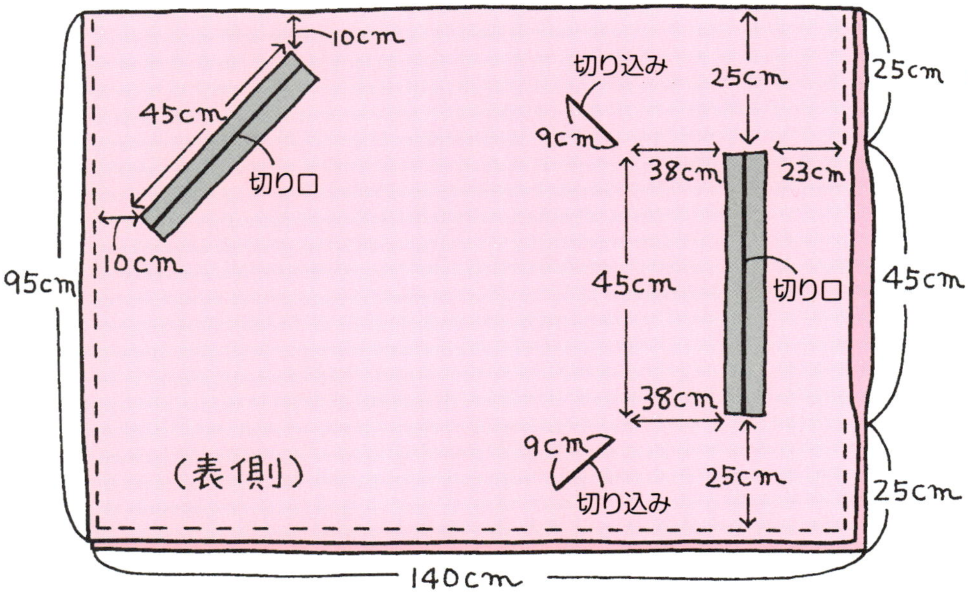

2 表側に穴を作ります。穴部分はほつれないように、裾上げテープや同布で補強します。
周囲を表から袋縫いにします。

Point

- 最初は尻込みし、振り回したりスカートにしたりする程度ですが、しだいに穴の大きさや位置などに興味を示してくるでしょう。探検心がわくまでじっくり取り組ませましょう。

ボール入りの歩きにくいシート

ごろごろ散歩

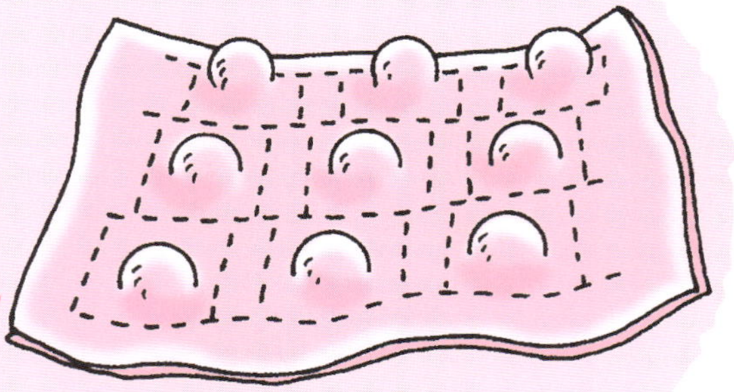

ボールを踏む散歩道は、ごろごろで、歩くのがたいへん。
でも、子どもはこんな道が嫌いじゃないみたいです。

＊ 3～5歳

遊び方

作り方

材料

- 冬用の厚手のカーテン（約170cm × 145cm）１枚
- プラスティック製のカラーボール（野球ボール大のもの） ９個

1. カーテンのひだをほどき、二つ折りにします。
2. チャコペンで下図のように線を引き、まずは縦の点線を縫います。
3. ボールを１個ずつ入れながら、横の点線を縫い、全部で９個のボールを入れます。

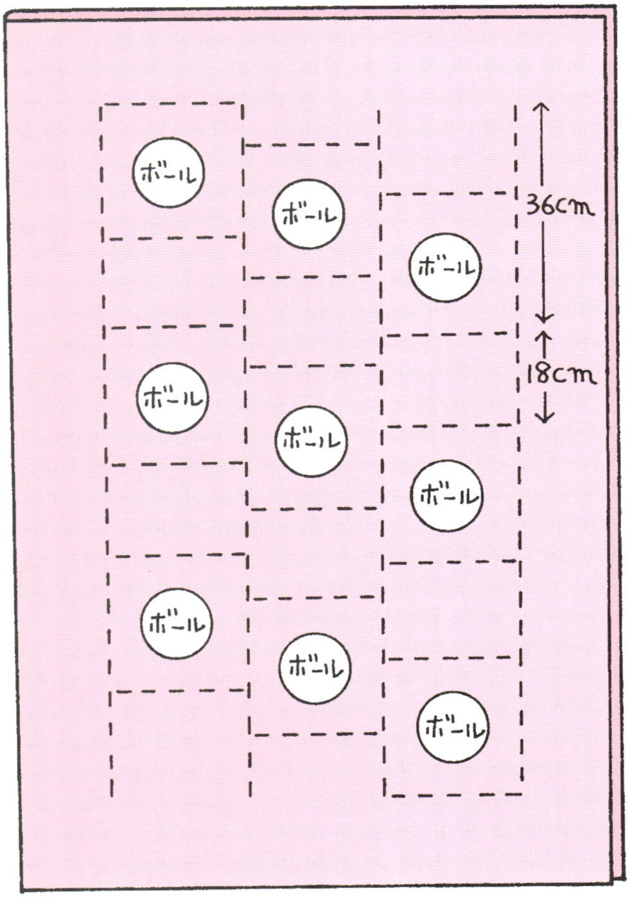

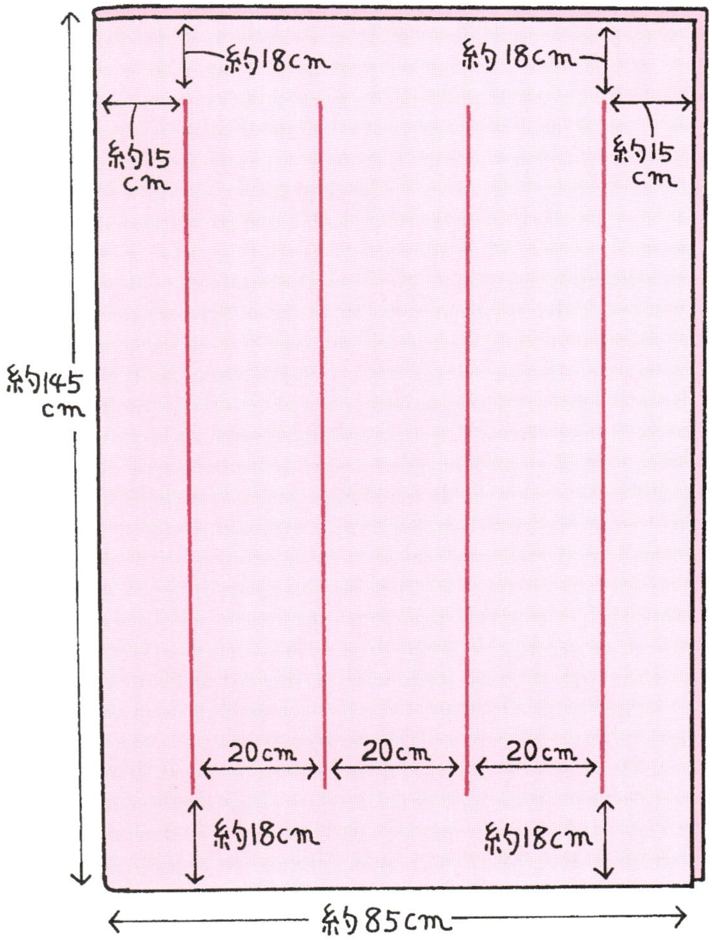

Point

- 滑りやすい床面は避けて、じゅうたんなど敷物の上に広げましょう。
- 子どもが倒れても安全なように、周囲も広く空けておきます。

ゴム管で作るケンケン遊びの輪っか

ケンパーリング

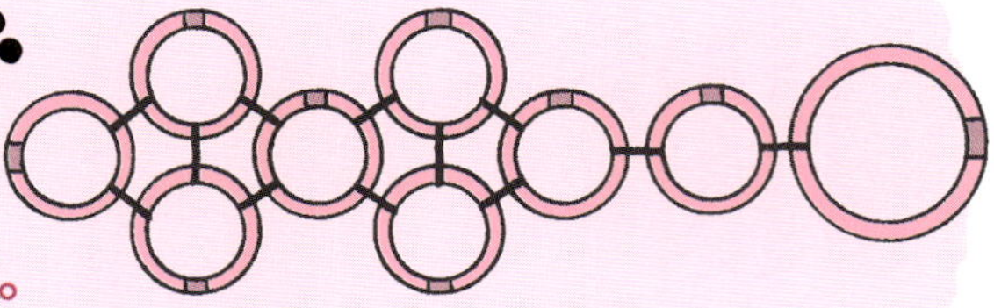

なぜか女の子に特に人気があるケンケンパーのゴム管版。
ルールも自分たちで作って遊び始めます。
ベランダの遊びにも喜ばれます。

＊3～5歳

遊び方

▼3歳

ケンケンできなくても、たどって進む。

▼4～5歳

お手玉を投げて、ケンケンパー遊び。

作り方

材料

- ゴム管 （1 mを 8 本分と、最後のリングは 2 mを使用して大きく作る。合計 10 m）
- リングをつなぐ硬めの布（幅 2cm × 8 ～ 9cm ほどの帯状のもの） 10 本
- つなぎに入れる広告紙
- ビニールテープ

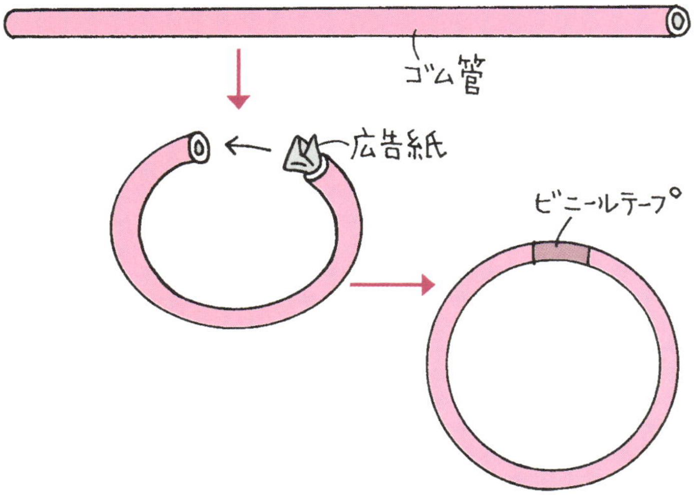

1 1 mに切ったゴム管を丸めます。切り口に広告紙を詰めて、ビニールテープでふさぎます。

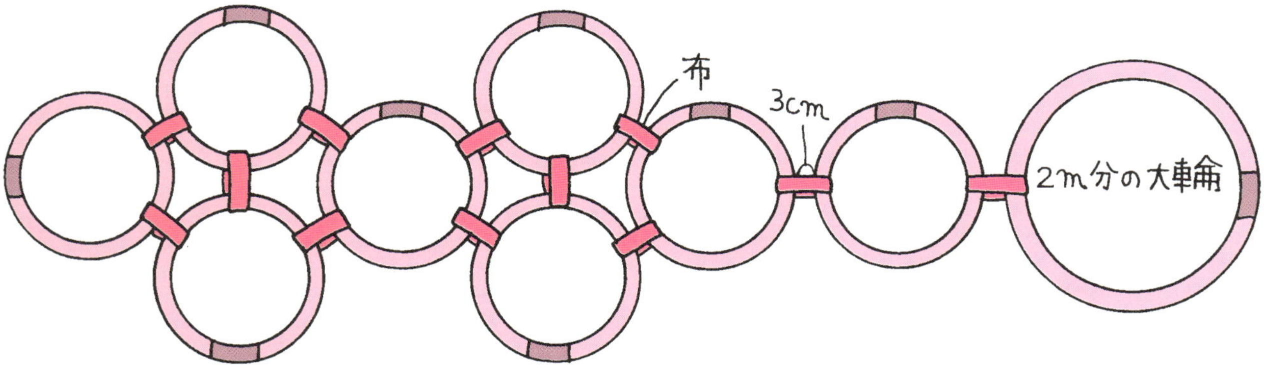

2 9つできたリングを上図のようにつなぎます。リングとリングの間を 3cm ほどあけて、布を縫いつけてつなげます。

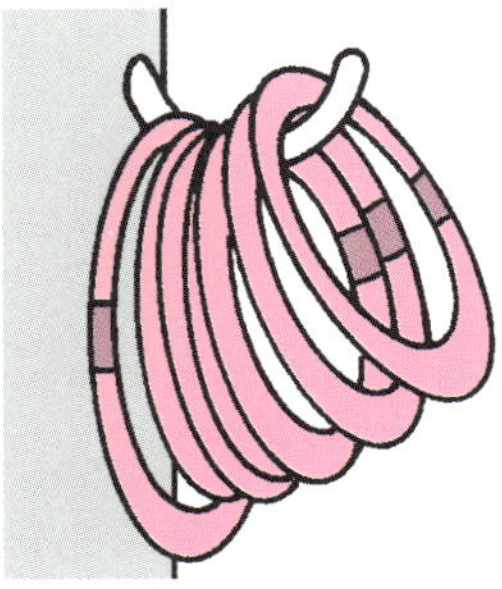

3 フックに掛けて収納します。

Point

- 最後のリングを大きくすることで、上がり（ゴール）が盛り上がります。
- ベランダや廊下などで遊びましょう。

段ボール箱＋カラーフィルムで

にじの世界

いつもの風景がちょっと違って見える不思議な箱。
色と光が奏でる変化を、そっと発見してみて。

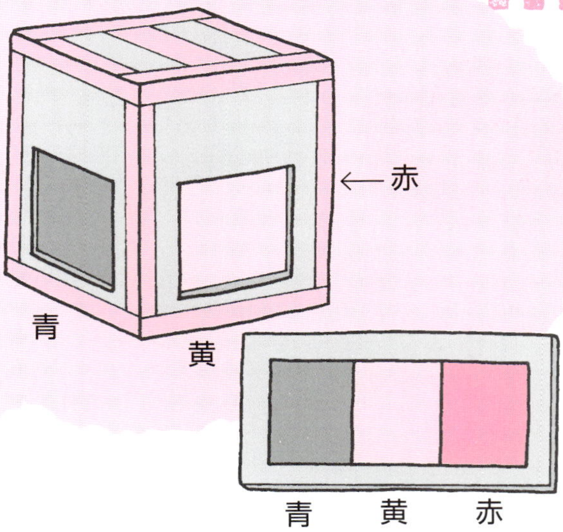

＊ 3～5歳

遊び方

箱をかぶって、色を通した世界を楽しむ。

補助版をスライドさせて、色の変化を楽しむ。

箱の色と補助版の色を
重ねて見る。

作り方

材料

- 段ボール箱（切り開いたものを真ん中から2つに切る）
- 段ボール板（補助版用。20cm × 10cm ほど）
- セロハン（赤、青、黄色）
- 透明なプラスティック板
- ガムテープ

※寸法は、子どもの頭に合わせた参考数値です。

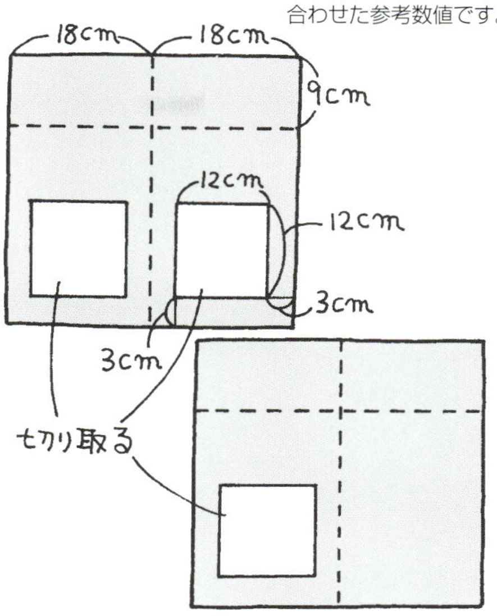

1 段ボールを上図のように、カッターで切り抜きます。

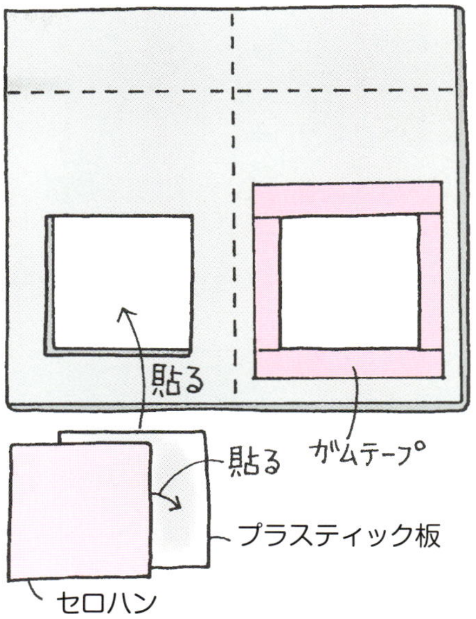

2 赤、青、黄色のカラーセロハンを貼ったプラスティック板を、切り抜いた窓３面にガムテープで貼りつけます。

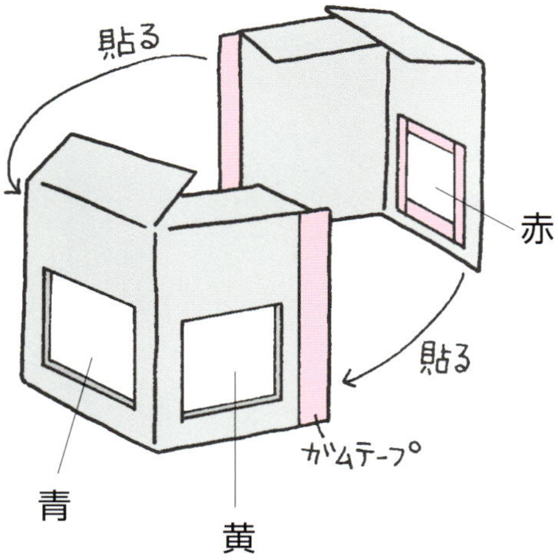

3 上面を折りたたみ、２つ組み合わせてガムテープでとめます。

4 上面をガムテープでとめ、四辺にガムテープを貼り補強します。

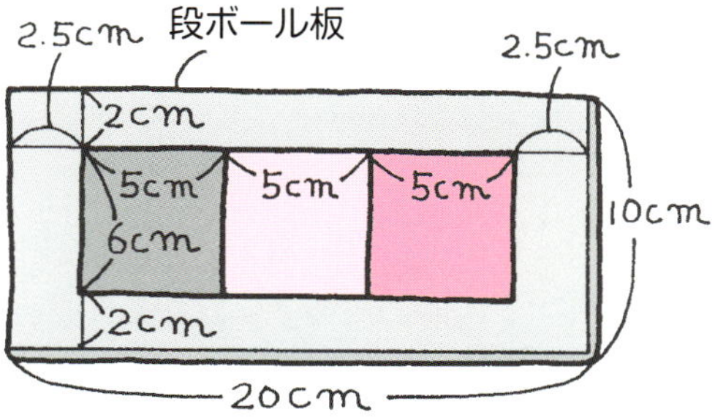

5 段ボール板で、上図のような「補助版」も作ります。

Point

- 一人で使用するものなので、クラスに数個作るようにしましょう。
- 箱または、補助版だけでも３色の世界が楽しめ、両方を組み合わせて色を重ねると、虹の七色変化が楽しめます。

布の袋にたくさんボールを詰めて大きいボールに

室内ボール

軽くてふにゃふにゃの大きいボール。
大きいけど、片手で持てます。
“ザクッ”とした感触が心地よいようです。

＊ 3～5歳

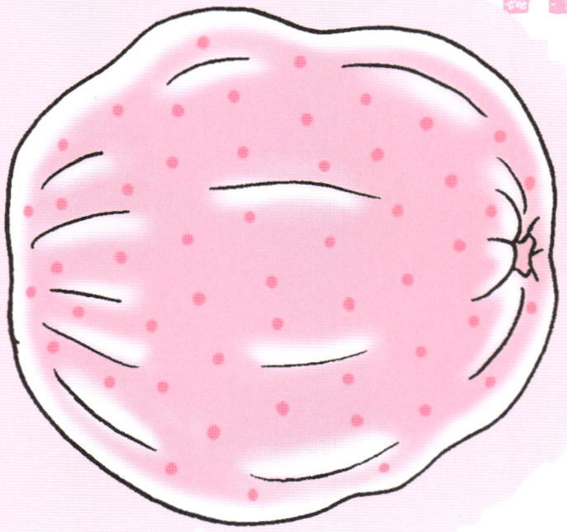

遊び方

サッカー。

モミモミ。

投げる。

ぶつけっこ。

作り方

材料

- 大人の男性用Ｔシャツ
- ビニールボール（3個ネット入り）　3、4袋
- ひも

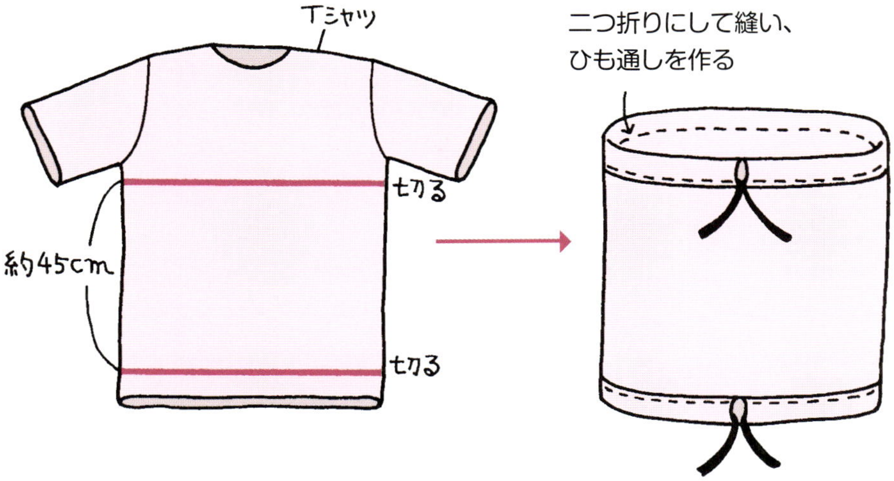

1 Ｔシャツの胴体部分を切りはなし、上下にひもを通します。

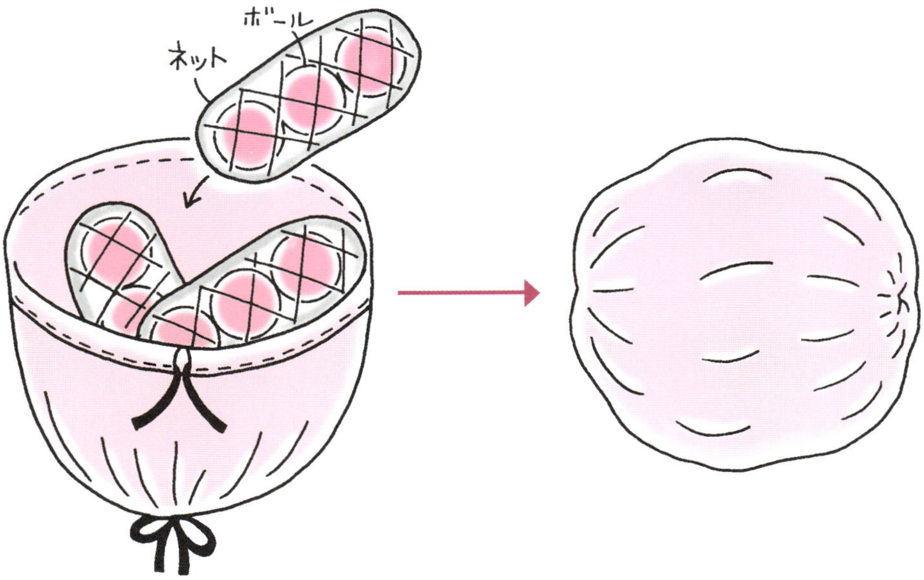

2 ボールが３個入ったネットを３袋入れ、お手玉のようにひもを絞って縛ります。

Point

- 緩みがあり丸みもある布のボールは、どの年齢でも喜ばれます。
- ぶつかっても痛くなく、転がり過ぎないところが室内遊びに適しています。
- 年齢の近い子ども同士で、存分に体を動かして遊びましょう。
- 保育室が狭い場合は、ホールなど広い所で遊びましょう。

乳児室ベランダ用遊具の環境設定

ベランダに柔らかさや暖かさが出る遊具を置きます。柵に登ってしまわないよう、遊具は重ねても高さが出ないように配慮します。ベランダに玩具を持ち込む場合は、落下の危険を考え、布や紙製の物にしましょう。

柵からの落下を防ぎましょう。
→登れる物や高く積める可動遊具類は持ち込まないようにします。

体のバランスを取る遊具や、暖かさ、柔らかさのある遊具を置きましょう。
楽しくにぎやかな遊園地風になると乳児が大喜びで出てきます。

バスマットを2枚つなげた敷物

二連マット

自分で敷いて遊びの場を作りたい気持ちを大切に。
積み重ねても高さが出ないよう、2枚を折りたためないように連結し、1クラスに3組までとします。

＊1〜2歳

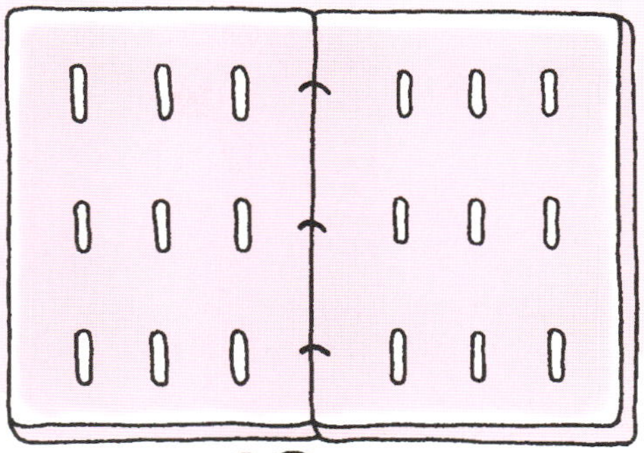

遊び方

自分で引きずって持ってくる。

ままごと遊びや好きなおもちゃを持ってきて遊ぶ。

寝転がる。

作り方

材料

- バスマット　2枚
- ひも

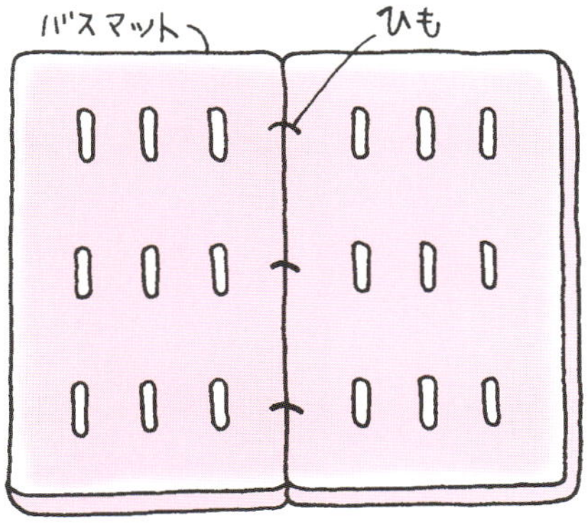

バスマットに3か所穴を開けます。2枚をぴったりくっつけ、ひもに緩みがないように結びます。

Point

- ベランダに柔らかさが加わり、座ってゆっくり遊べるようになります。ベランダの隅に立てて置いておき、自由に出し入れできるようにしましょう。
- ぴったり結びつけることで、2枚を折りたためないようにします。1クラスに用意するのは3組分までとし、積み重ねても3枚分の高さしか出ないよう配慮します。
- ベランダの柵から下へ物を投げないように、玩具を使う場合には紙皿や紙コップなど危なくない物を使わせましょう。

ゴム管を輪にしたステップ

四連リング

簡単に投げたりできないよう、リングを４つ結びました。歩いたりジャンプしたり、リングの形に沿っていろいろな身体活動ができます。

＊１～２歳

遊び方

輪の中に入る。

リングの形に沿って歩く。

作り方

材料

- ゴム管（長さ 110cm ほど） ４本
- 広告紙
- ビニールテープ
- ひも

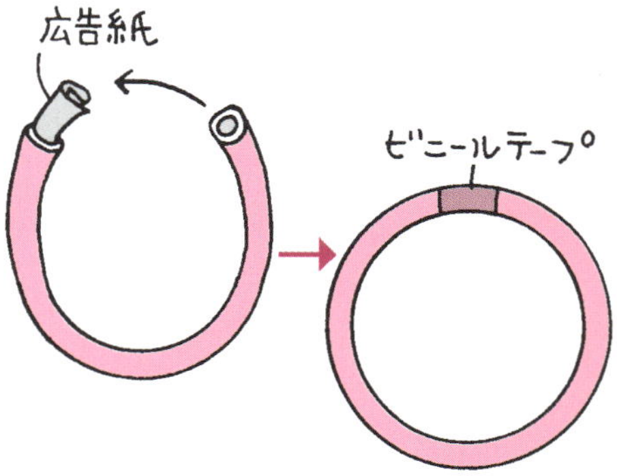

1 広告紙を細長く丸めて、ゴム管の両側に差し込みます。輪っかにしてビニールテープで巻きます。

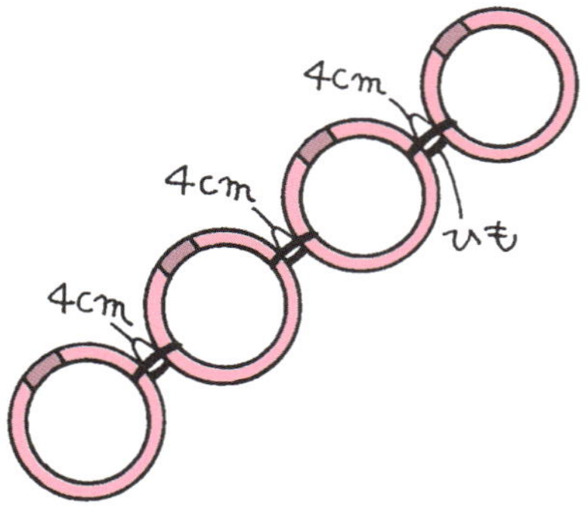

2 ４個のリングをひもで結びます。ひもの緩みは、首に引っかからないように 4cm 程度にします。

Point

- 体に引っかけたり投げたりできないよう、一部を柵などに結んでおきます。
- まっすぐに置くだけではなく、じぐざぐに置いたり四角く置いたり、置き方を変えると、いろいろな体の動きを促すことができます。
- しまうときにはたたんでしまえます。

合板で作る小さめのバランスボード

カタンコトン

ベランダ用に小さく作った乳児専用バランスボード。
体のバランス感覚を養う大切な遊具です。
カタンコトンと数名で乗って楽しみます。

＊ 1～2 歳

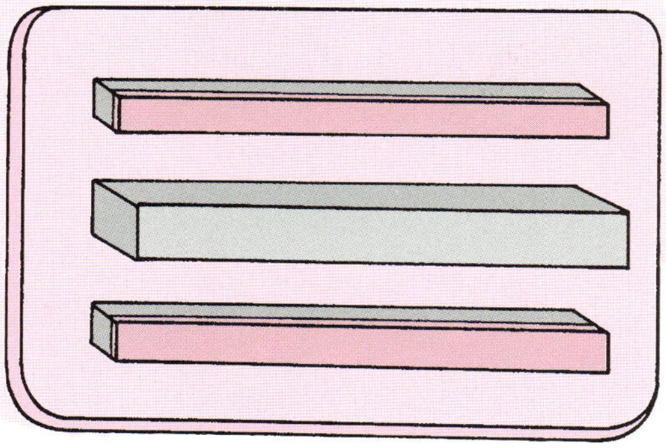

遊び方

乗って揺らして
遊ぶ。

作り方

材料

- 合板 （厚さ 1.5cm、サイズ 90cm × 60cm）
- 角材 （厚さ 6cm × 6cm、長さ 75cm）1 本
  （厚さ 3cm × 3cm、長さ 75cm）2 本
- 粘着剤付きクッションシート 2 本
- 木工用接着剤
- ねじ釘

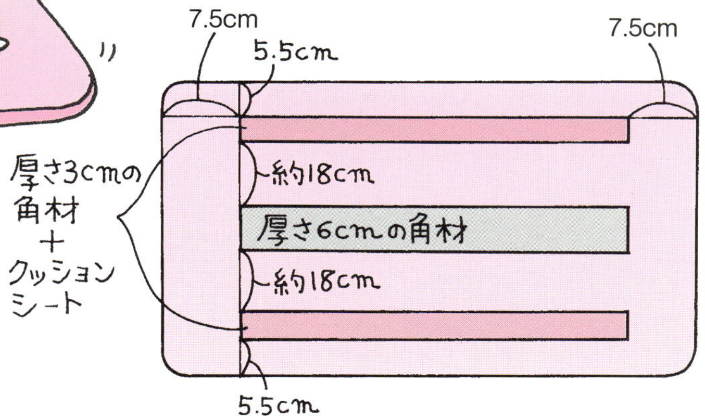

1 合板は面取りし、裏に角材 2 種類を上図のように木工用接着剤で貼って、表面からねじ釘で取り付けます。ねじ釘の頭が飛び出さないように、板に少しめり込むようにねじ込みます。

2 厚さ 3cm の角材に、クッションシートを貼りつけます。

3 布カバーをかけるか、大きい風呂敷で包めばより安全です。

Point

- 安全のため、幼児と一緒には使用しないこと。
- そばに立っても足を挟まない構造になっていますが、足が当たる場合を考えて、靴を履いて遊ぶほうが安全です。また、子どもが運んだり立て掛けたりしないように注意しましょう。

古タイヤで作る巨大クッション

ソフトサークル

すっぽり座って長時間遊んだり、
不安定な足元を楽しんだり。
15cm ほどの高低差でもよい運動になります。

＊ 0～2 歳

遊び方

凹凸を踏み越える。
すっぽりとはまる。
よじ登る。

作り方

材料

- 古タイヤ４個
- ベッドカバーなどの大きい厚地の布　１枚
- ひも
- 布団などクッションになるもの

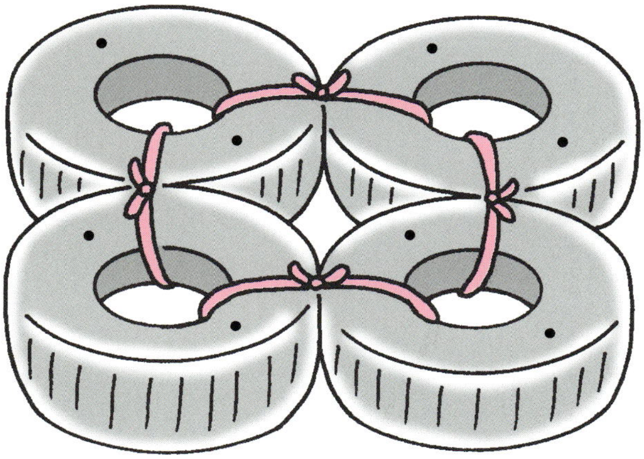

1 古タイヤの上下に水抜き穴（直径2cmほど)を開けておきます。穴はドリルで簡単に開きます。

2 古タイヤ４個はひもで結びます。上から布団などクッションになるものをかぶせます。

3 上からすっぽりと厚く大きい布で覆います。

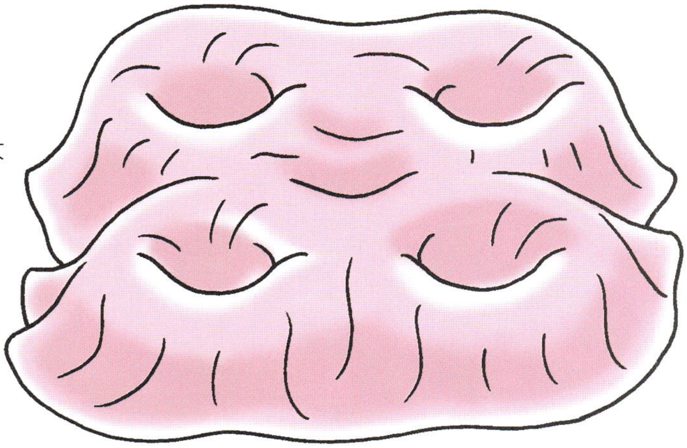

Point

- 高さが 20cm 以上にならないように注意し、柵から離れた場所に設置すること。
- 布類は遊ぶときにかぶせるようにします。古タイヤはベランダに置いておき、ときどき洗いましょう。
- 冬の寒い日でもベランダ遊びに活気が出ます。

コラム

東間先生に質問です！ ～その①～

Q

可動遊具遊びを増やすことで、トラブルやけがを本当に減らすことができるのでしょうか？

A

本当です。

実際に可動遊具の豊かな遊びを増やした園はこんなにけがが減少しました。

平成 22 年度　2 歳児クラスかみつき・ひっかき件数

【鯖江いずみ保育園】

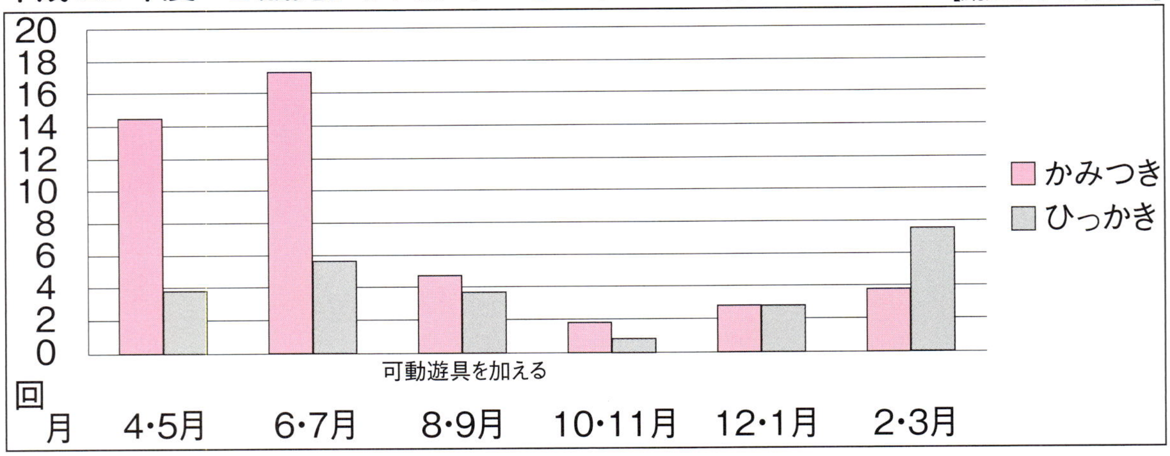

5 歳児クラス転倒でのけがの件数

【新宿区立保育園】

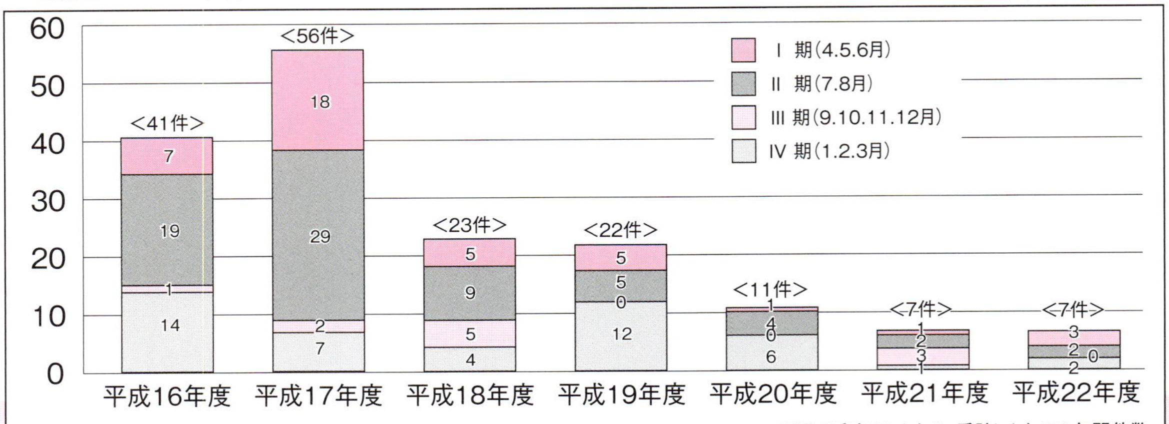

※園で手当てしたもの、受診したものの年間件数

第2章

園庭遊具の作り方と遊び方

データ

２歳組以上の自主活動においては、工夫する遊びが 75%、仲間遊びが 95% 発現します。（日本保育学会研究発表 2008 年）

ねらい

- 手作り遊具は簡単に数多く作れるので、異年齢・多人数が豊かに遊べます。
- 固定遊具ほどの高さがないので、子どもの活動に制約が少なくなります。
- 異年齢を交えた自然な交流も期待できます。

提案

1. 可動遊具（クリエイティブ遊具）は多種・多数が必要

・「多種」の中から自己選択……　組み合わせ方を考え、工夫して次々に創造的遊びが発現します。

・「多数」で奪い合いが消失……　仲間への許容感、連帯感が生まれ、楽しい小集団の遊びが継続します。

2. 設置遊具 (コア・アトラクション) は遊んでほしい場所に置く

・狭い庭を全部活用する………　庭の真ん中、隅等に設置遊具を置けばすぐに遊びが広がります。

・固定遊具の役割を考える……　可動遊具遊びの基地ともなり、組み合わせ工夫遊びの発生地となります。

・交流の場となるように………　小集団、異年齢の子どもたちの寄りつき場にもなります。

3. 遊具等の置き場で、自主活動を自然に整理できる

・遊具置き場を庭の数か所に作ると、遊びが広がりやすく片づけも早くなります。

園庭遊びの環境作り配置図

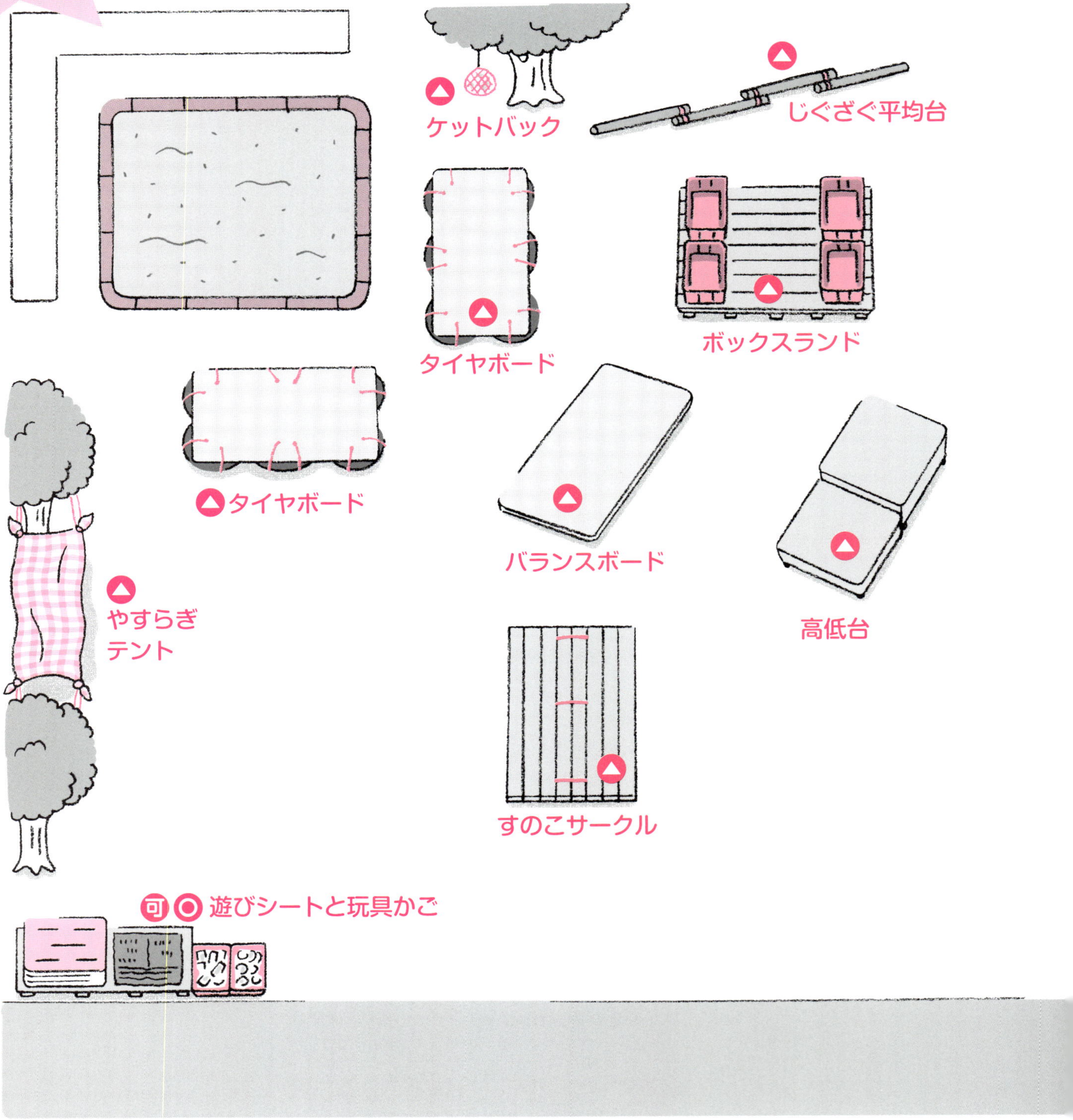

可 **可動遊具**…子どもが自由に運び、組み合わせて仲間と創造的活動を展開します。

△ **設置遊具**…庭の空きスペースを活用します。また、仲間が集まって創造的遊びの基地となります。

◎ **遊具置き場**…庭に数か所設置すれば、遊具の出し入れが容易になり、遊びが活性化します。

●活用度が低い中央や隅に設置遊具を置くようにし、可動遊具は数か所に分けて数多く置きます。遊びシートと玩具のセットも数か所に配置。これで、園庭中に広がって多くの子どもたちが遊びます。
●乳児の遊び場所は、砂場近辺に高さの低い設置遊具を置きます。
●真ん中に高低台を置くことで、異年齢の交流が見られるようになります。

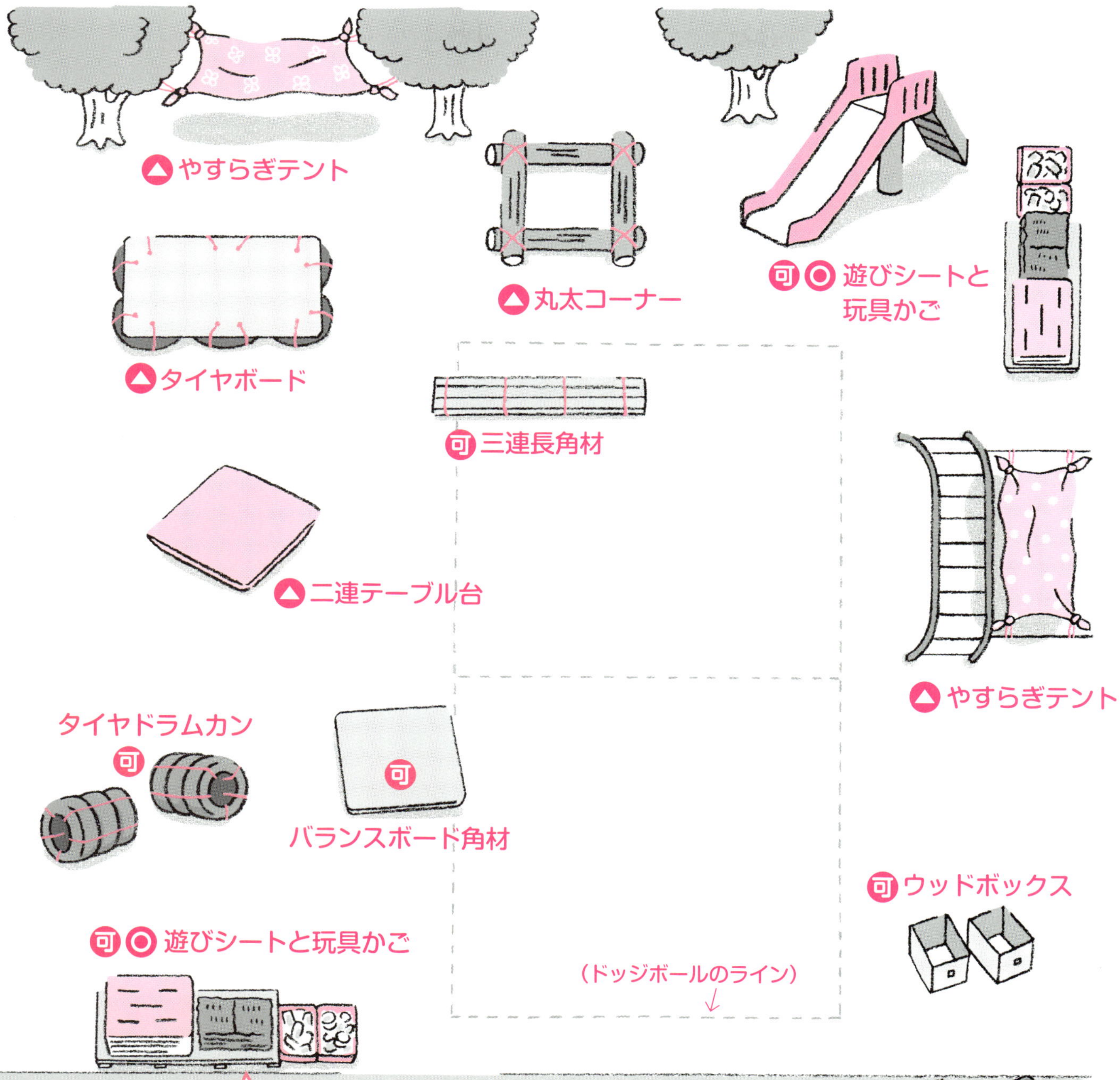

●遊びシートと玩具かごセット

おうちごっこ発生の素材。遊びシート（敷物）とセットにして園庭の３～４か所に置くと、おうちごっこが園庭中に広がります。砂場用の玩具類も増やします。

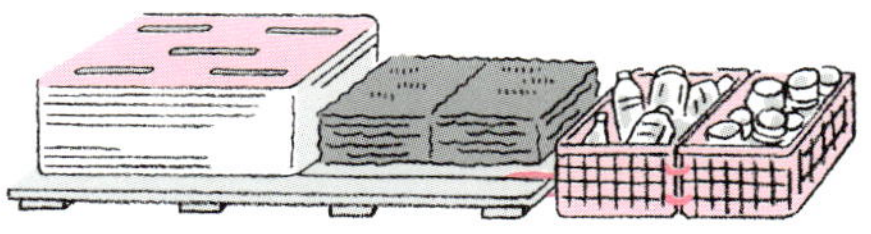

作り方

180ｃｍ長さのすのこに、玩具かごを２～３個縛りつけます（ばらばらにしないため）。すのこにはバスマットと人工芝を積み重ね、かごには家庭から持ち寄ったカップや皿、小鉢などの空き容器をたくさん入れましょう。

●木製遊具類の置き場

雨に濡れないベランダ等に置き場を作ります。

安全に遊ぶための遊具の導入３段階

可動遊具遊びの遊具導入順は、まずは平面のものから出していきます。子どもたちが十分に遊んで慣れてきたら、準立体活動のものを。そして最後に、立体の遊具へと、だんだんと高さがあるものを出していくようにしましょう。

可動遊具のいろいろ

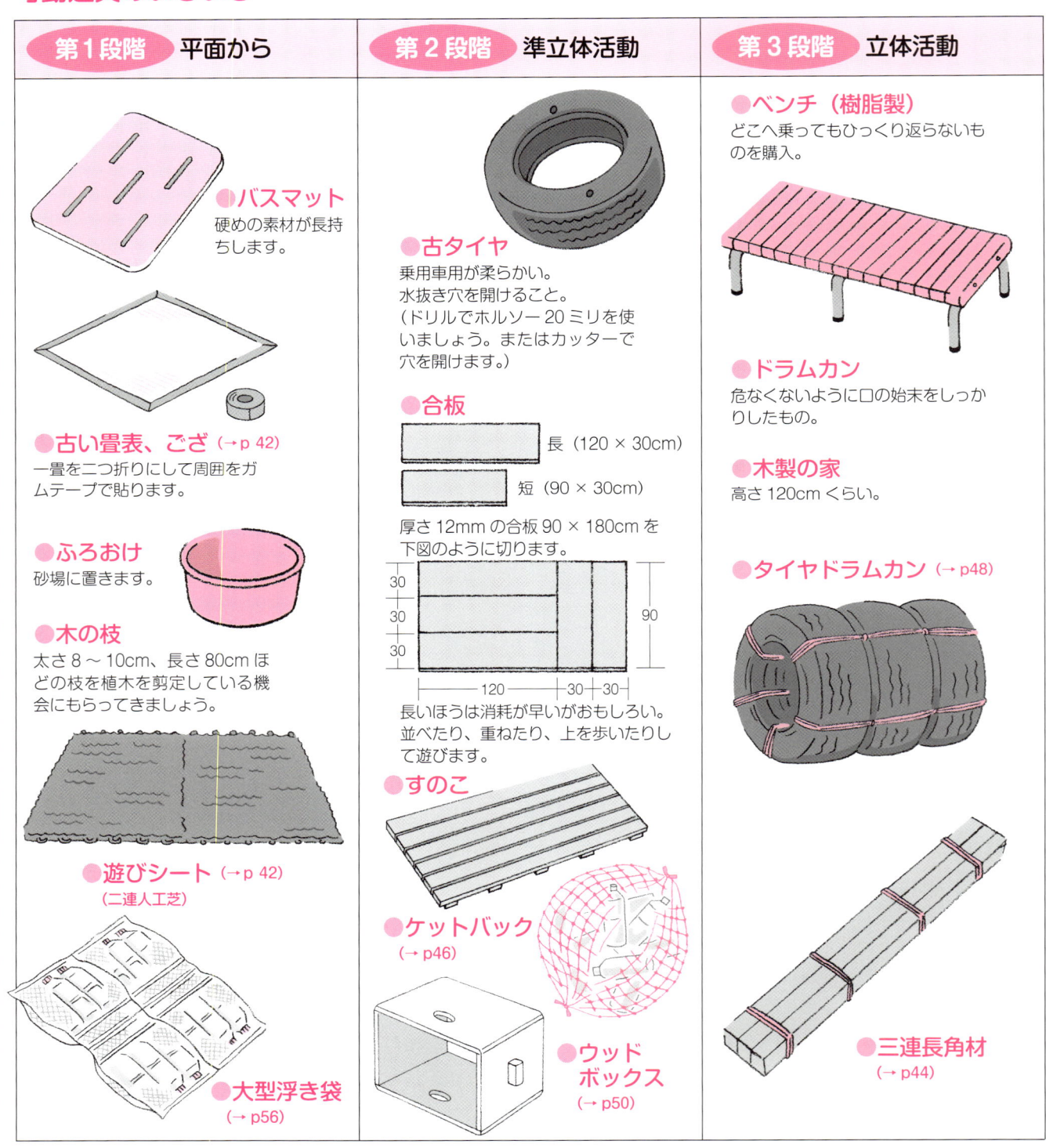

第１段階　平面から

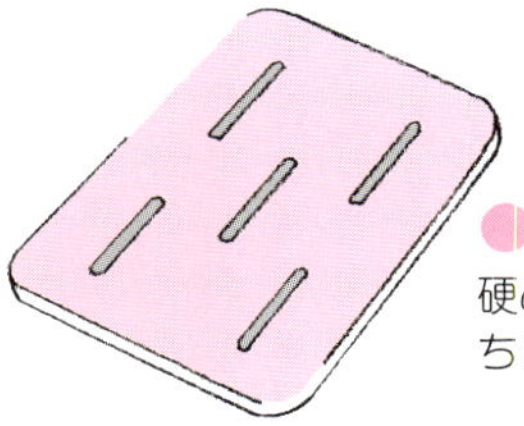

●バスマット
硬めの素材が長持ちします。

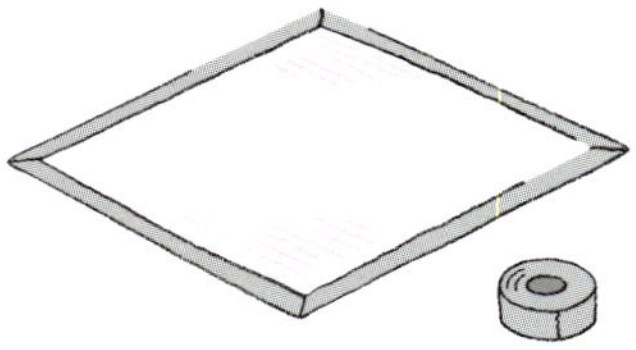

●古い畳表、ござ （→ p 42）
一畳を二つ折りにして周囲をガムテープで貼ります。

●ふろおけ
砂場に置きます。

●木の枝
太さ８～10cm、長さ80cmほどの枝を植木を剪定している機会にもらってきましょう。

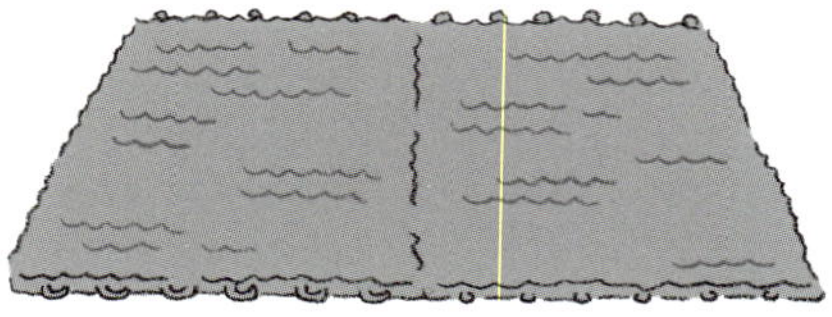

●遊びシート （→ p 42）
（二連人工芝）

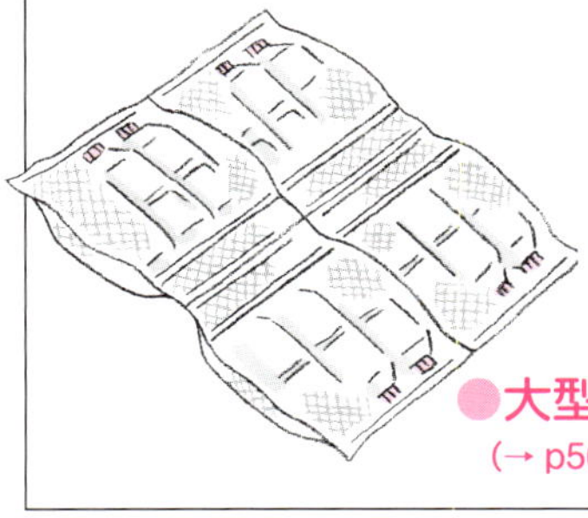

●大型浮き袋
（→ p56）

第２段階　準立体活動

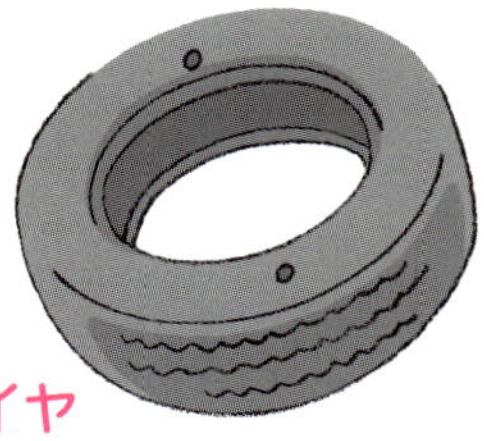

●古タイヤ
乗用車用が柔らかい。
水抜き穴を開けること。
（ドリルでホルソー20ミリを使いましょう。またはカッターで穴を開けます。）

●合板

長（120 × 30cm）
短（90 × 30cm）

厚さ12mmの合板90 × 180cmを下図のように切ります。

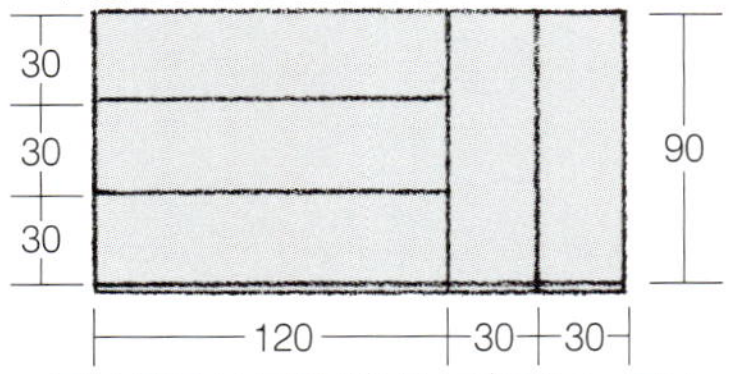

長いほうは消耗が早いがおもしろい。並べたり、重ねたり、上を歩いたりして遊びます。

●すのこ

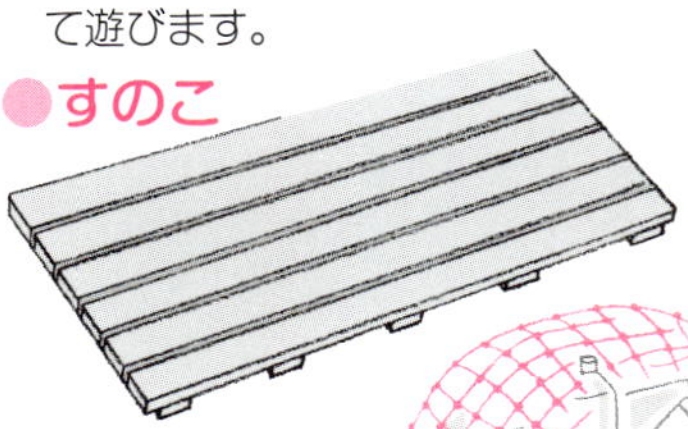

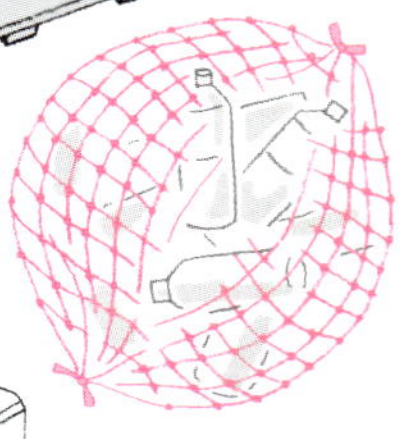

●ケットバック
（→ p46）

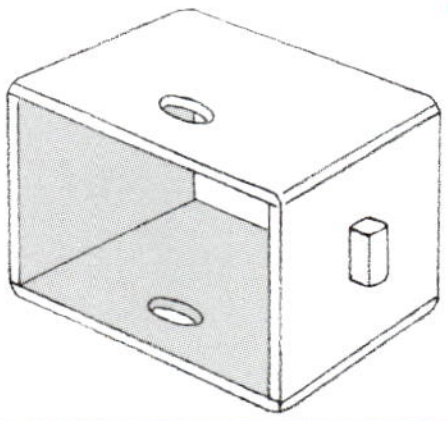

●ウッドボックス
（→ p50）

第３段階　立体活動

●ベンチ（樹脂製）
どこへ乗ってもひっくり返らないものを購入。

●ドラムカン
危なくないように口の始末をしっかりしたもの。

●木製の家
高さ120cmくらい。

●タイヤドラムカン （→ p48）

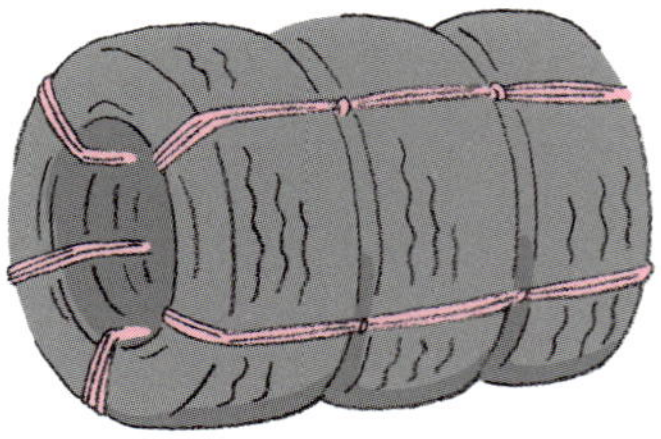

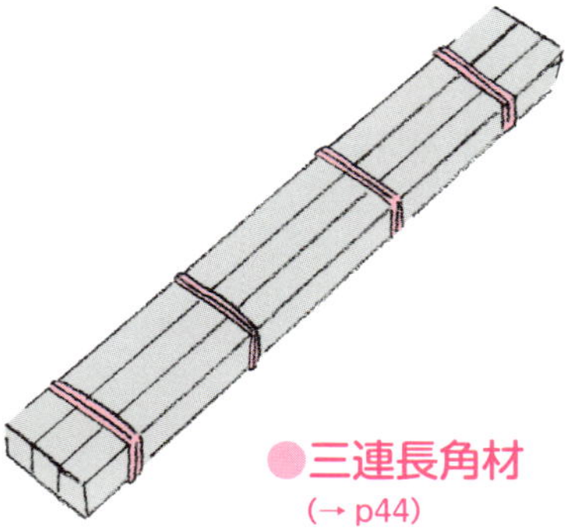

●三連長角材
（→ p44）

可動遊具遊びに必要な90分間

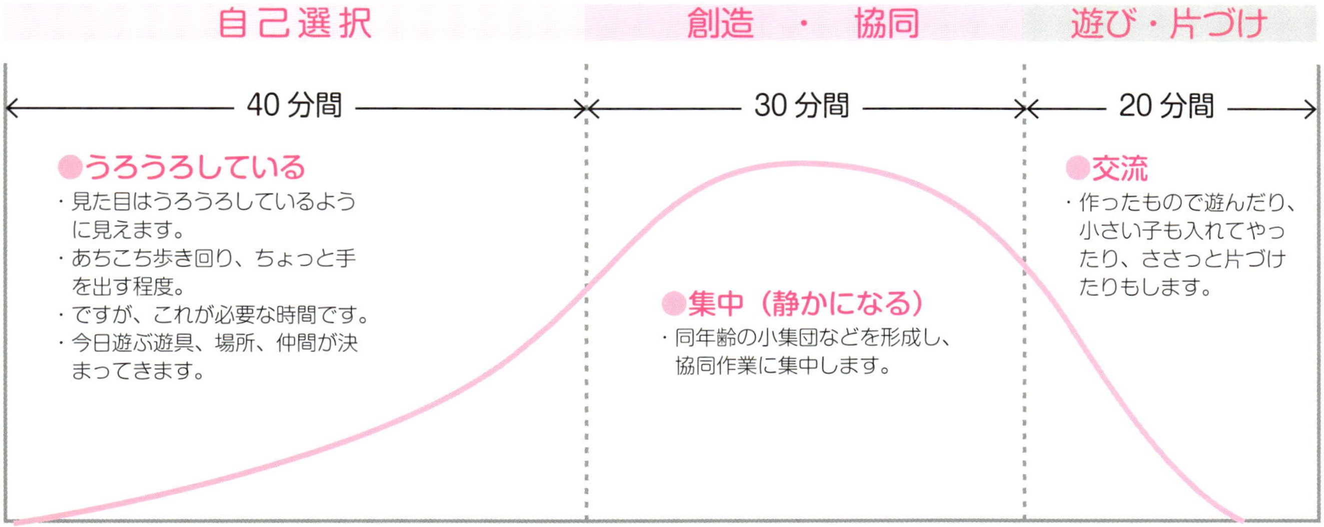
自己選択
創造・協同
遊び・片づけ
40分間
30分間
20分間
●うろうろしている
・見た目はうろうろしているように見えます。
・あちこち歩き回り、ちょっと手を出す程度。
・ですが、これが必要な時間です。
・今日遊ぶ遊具、場所、仲間が決まってきます。
●集中（静かになる）
・同年齢の小集団などを形成し、協同作業に集中します。
●交流
・作ったもので遊んだり、小さい子も入れてやったり、ささっと片づけたりもします。

仲間との集中遊びが生まれる大切な90分間を確保して

（1）遊びの環境を作っても、遊びに満足できるまでには最低90分かかります。

（2）遊具、場所、仲間の自己選択に40分、集中の30分、遊びと片づけに20分を要します。

※集中時間は同年齢同士。小さい子は集中時間が過ぎると遊びに誘ってもらえるのをじっと待っています。

手作り遊具の導入で遊べる子どもが増える

※■印は子どもを表します。

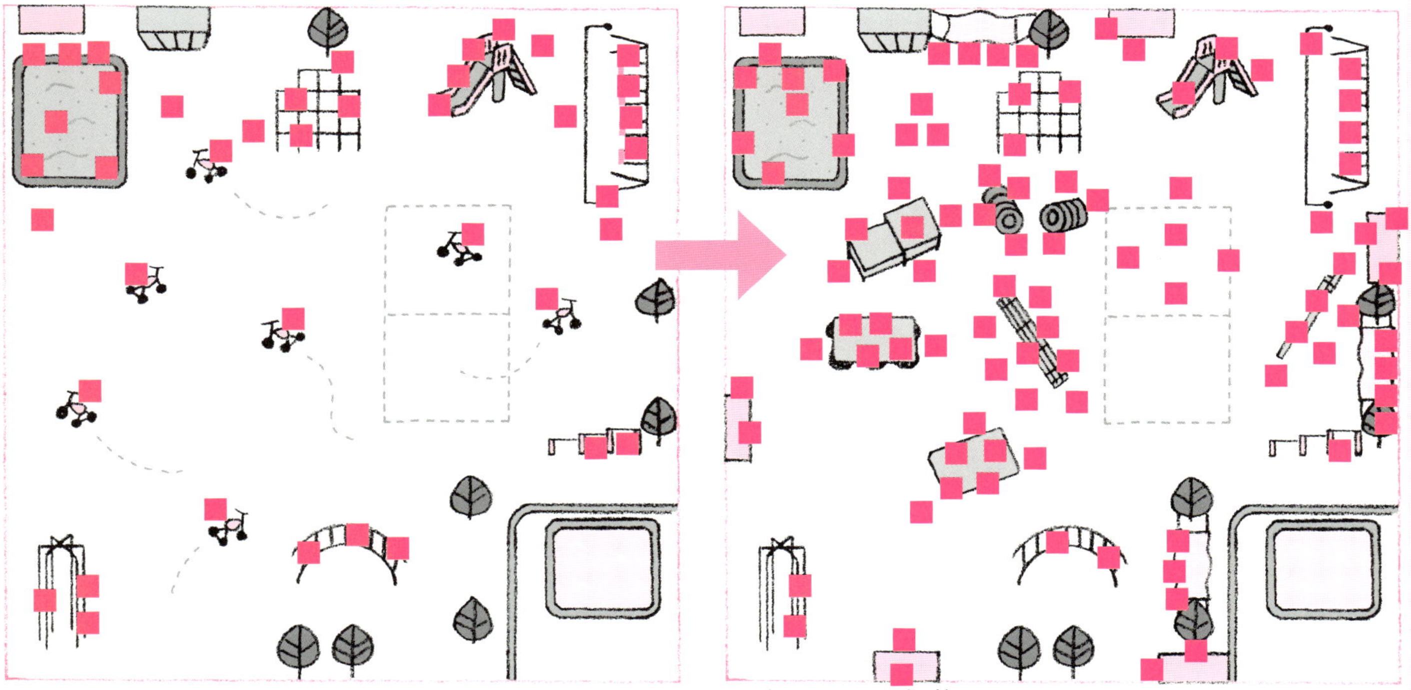

庭全体で41名遊んでいる　　庭全体で96名遊んでいる

バスマット、ござ、人工芝、いろいろな種類を用意

遊びシート（園庭用）

遊びシートを敷きあって、そこへ子どもが集まります。靴を脱いで、おもちゃを持ち込んで…、長い間仲間と遊び続けます。長くしたり正方形にしたり、並べ方もいろいろ。

＊2～5歳

遊び方

おうちごっこなどの遊びが始まる。

人工芝を敷き詰めて遊ぶ。

作り方

材料

- 人工芝(30cm × 30cm　厚み 2cm ほど、連結用のもの)
- ござ(または畳表)
- バスマット
- ガムテープ

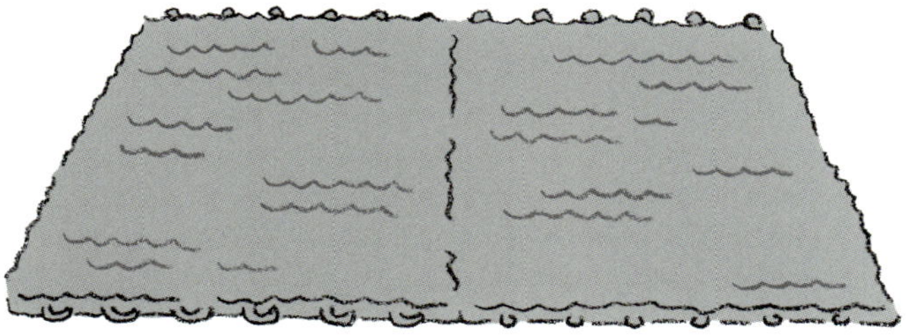

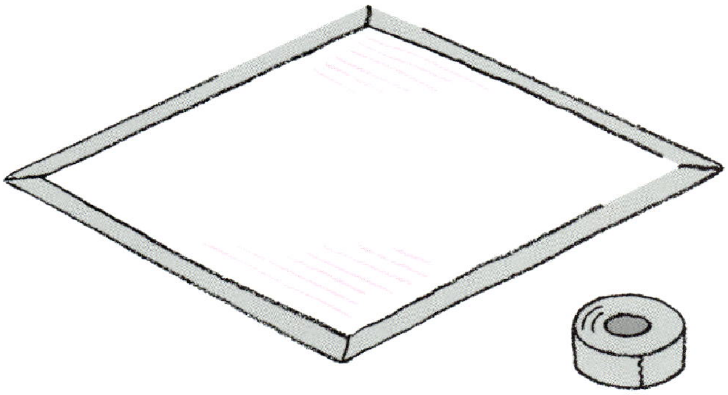

1 人工芝は 2 個連結します。

2 ござは二つ折りにして端をガムテープでとめます。

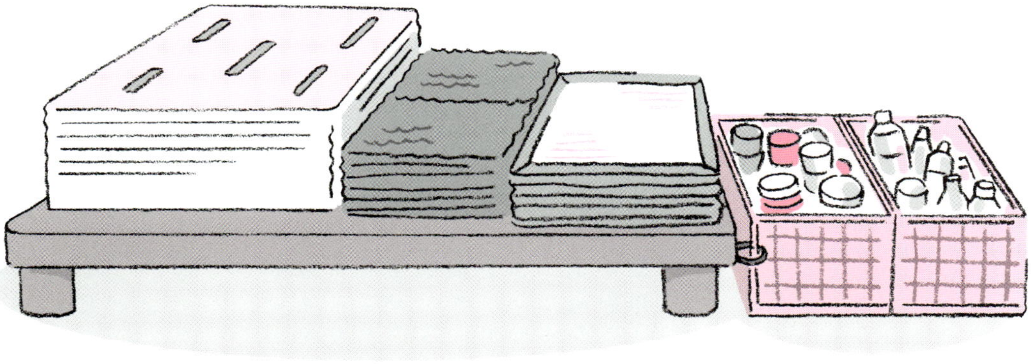

3 バスマットは購入します。
ままごと遊びを促すために、庭に遊びシートと空き容器などの玩具類をセットして置いておきます。

Point

- 小型にすることで、2 歳児でも持ち運びが可能。
- いろいろな年齢の子が遊ぶので、園庭に 50 枚以上は用意するようにしましょう。
- ござは雨のかからない場所に積んで保管すれば、1 ～ 2 年は使用できます。

角材でできた太めの平均台

三連長角材

３本をひもで縛れば、子どもの体重をしっかり受けとめてくれます。たったこれだけですが、子どもはどんな遊びを生み出してくれるかな？

＊２～５歳

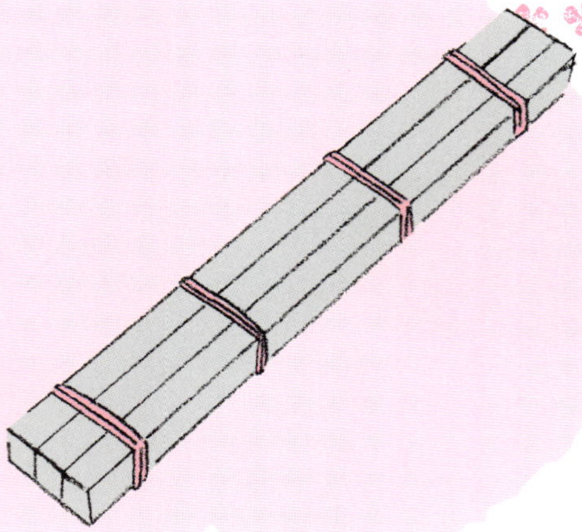

遊び方

地面に置いて、
渡ったりまたいだりする。

慣れたら、高くする。

傾けて、坂道に。

作り方

材料

- 角材（6cm × 6cm、長さ 180cm ほど） ３本
- 荷造り用のひも、またはガムテープ
- 木材保護塗料（撥水・防水性のもの）

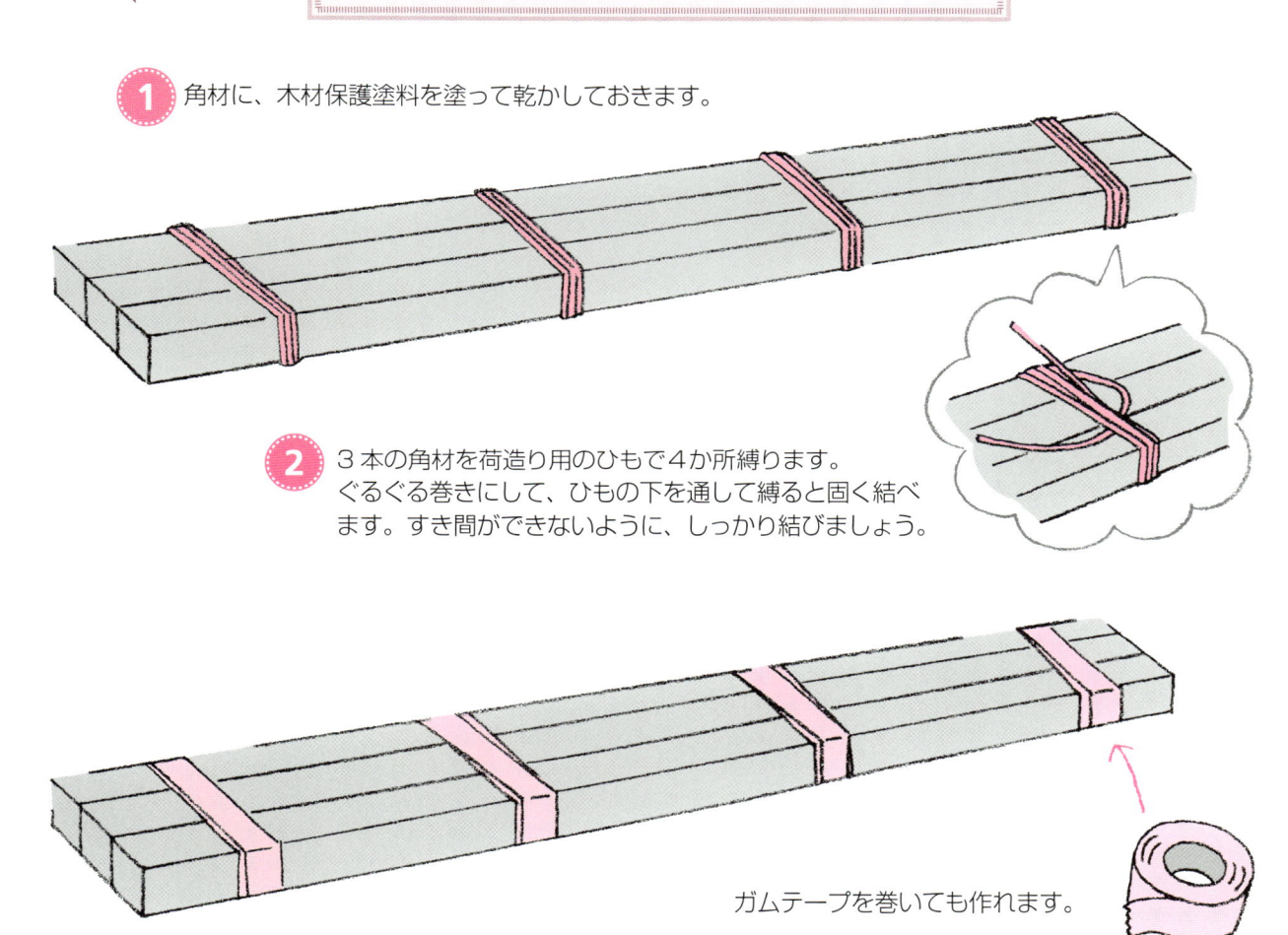

1. 角材に、木材保護塗料を塗って乾かしておきます。

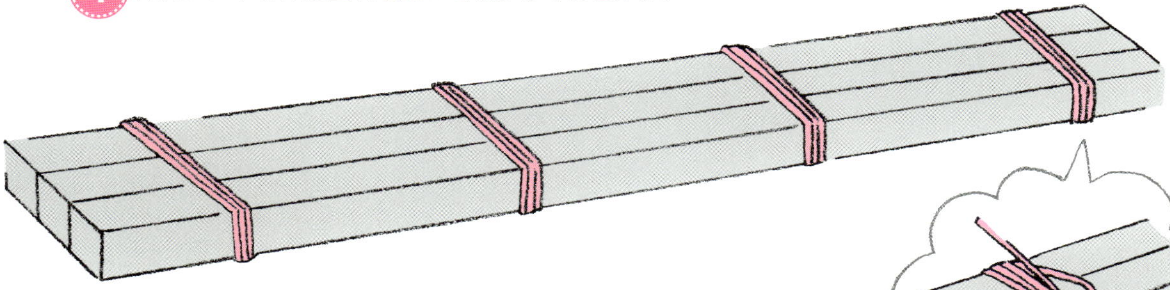

2. ３本の角材を荷造り用のひもで４か所縛ります。ぐるぐる巻きにして、ひもの下を通して縛ると固く結べます。すき間ができないように、しっかり結びましょう。

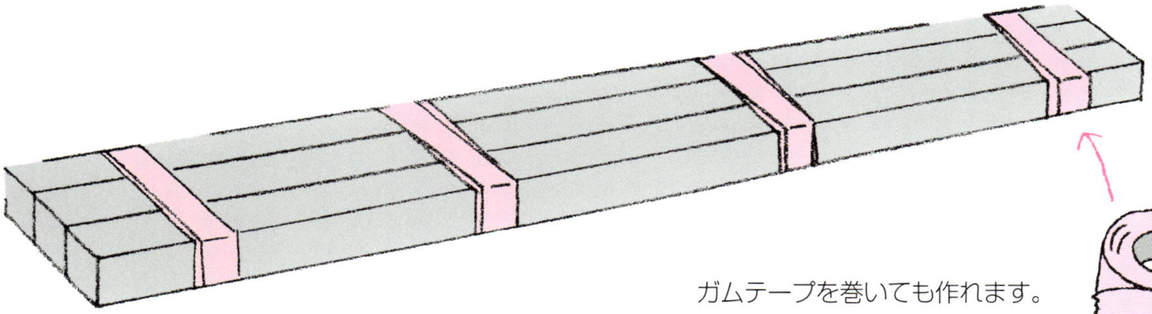

ガムテープを巻いても作れます。

Point

- はじめは、地面にそのまま置くこと。渡ったりまたいだり、存分に遊ばせてから徐々に高くしていきます。
- 最後は可動遊具として、子どもの活動に任せてみましょう。なん人かが協力して持ち運び、遊び方を考えるようになります。
- 立て掛けしたときに木材が外れないように、しっかり結びましょう。

ペットボトルの詰まった大きなボール

ケットバッグ

蹴っても遠くに転がらず、幼児のボール遊びにぴったり。黙って吊るせば、次々蹴り始めます。足腰が自然と鍛えられそう。

＊ 2～5歳

遊び方

サッカーごっこ。

木の枝に吊るして蹴る。

ターザン遊び。

作り方

材料

- ゴルフ練習用のネット (90cm × 45cm)
- 空のペットボトル (280cc、500cc入れ混ぜる)　10 本程度
- ひも
- 丈夫な縄

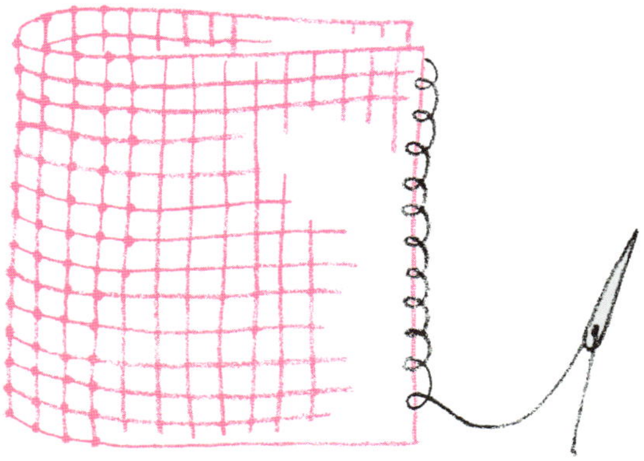

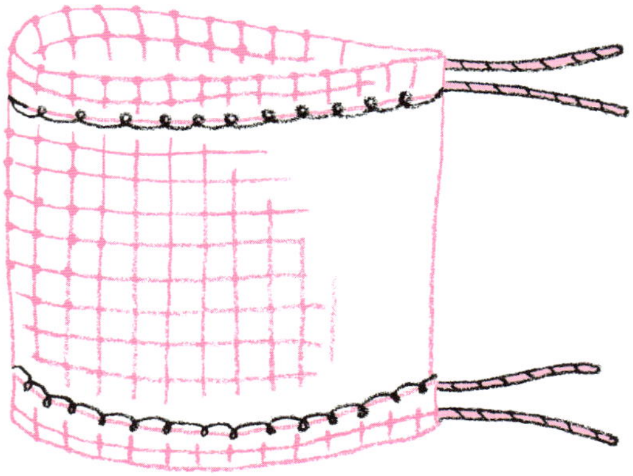

1 ゴルフ練習用のネットを二つ折りにし、合わせたところを縫います。

2 上下を折り返して縫い、ひもを通します。

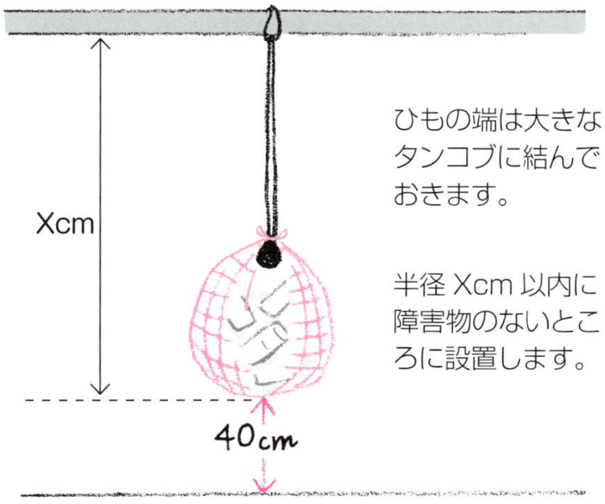
Xcm
40cm
ひもの端は大きなタンコブに結んでおきます。
半径 Xcm 以内に障害物のないところに設置します。

3 固くふたをしめたペットボトルを 10 個ほど入れます。

4 お手玉のように上下を絞って結びます。
木の枝や鉄棒などに吊るすときは、
地上高が 40cm ほどになるように縛ります。

Point

- ネットのかわりに、穀物等を入れる耐水性の丈夫な袋なども使えます。
- ルールを決めずに、蹴ったり投げたり存分に遊ばせます。
- 力いっぱい蹴ってもあまり飛ばず、硬くないのでサッカーボールよりも安心です。

古タイヤでできたドラムカン

タイヤドラムカン

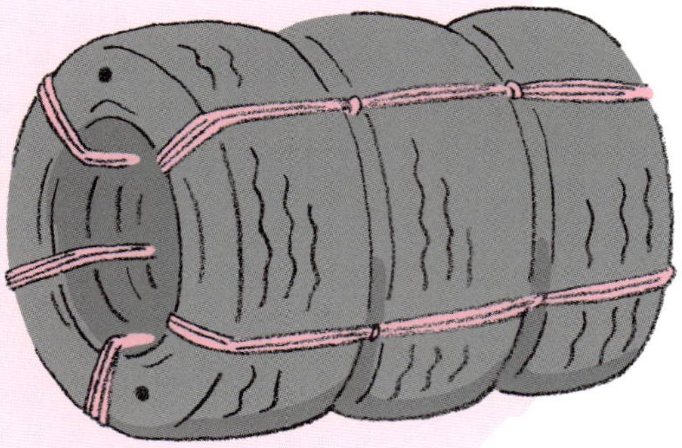

入る、くぐる、転がす、立てて登るなど、存分に運動できるすぐれもの。タイヤで作っちゃえば、さびないし柔らかく安定していて安心。

＊２～５歳

遊び方

▼３～４歳

出たり入ったり。

転がしたり、転がったり。

▼５歳

上に乗って転がす（曲乗り）。

作り方

材料

・古タイヤ（穴の直径が子どもがくぐれるほどの大きさのもの）3個
・縄（太さ 10mm ほどのクレモナロープなど）

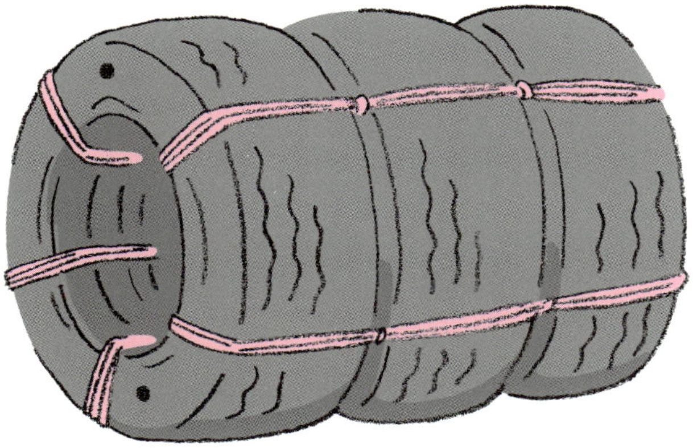

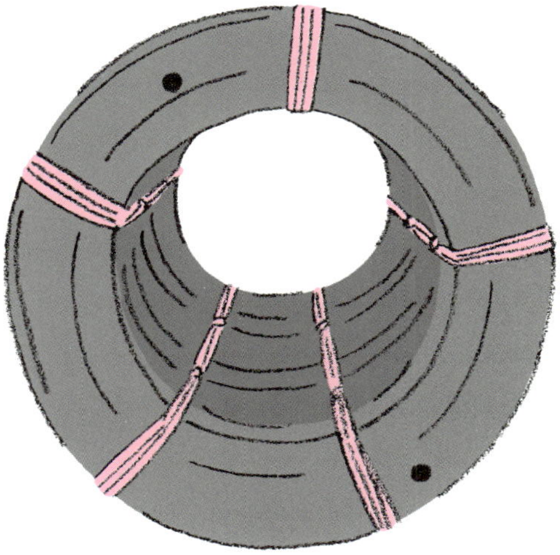

1. 古タイヤの上下に水抜き穴（直径 2cm ほど）を開けておきます。
2. 古タイヤ 3 個を、縄でぐるぐる巻きに縛ってしまいます。

Point

- 地面に固定するよりは、慣れてきたら、可動遊具として立てる横にするなど自由に使わせましょう。
- 特に 5 歳児の曲乗り技は、それまでの身体機能の発達の証明。ここまでやらせてあげられたら、子どもたちも幸せです。

合板でできた底のない箱

ウッドボックス

子どもは箱が好き。入るのも登るのも楽しい。
この箱には、高さがある方向には登れない、ちょっとした仕掛けがあります。

＊２～５歳

遊び方

運ぶ。

中に入る。

くぐる。

乗れるのは
低い方向の面だけ。

作り方

材料

- 厚さ 1 ～ 2cm の合板 (45cm × 35cm)　2 枚、 (35cm × 35cm)　2 枚
- 添え木用角材 (3cm × 3cm × 35cm)　4 本
- 取っ手用角材 (3cm × 3cm × 10cm)　2 個
- 木工用接着剤
- 木材保護塗料（撥水・防水性のもの）

1. 45cm × 35cm の合板には、縦 3cm 横 4cm 程度の持ち手用の穴を開けます。

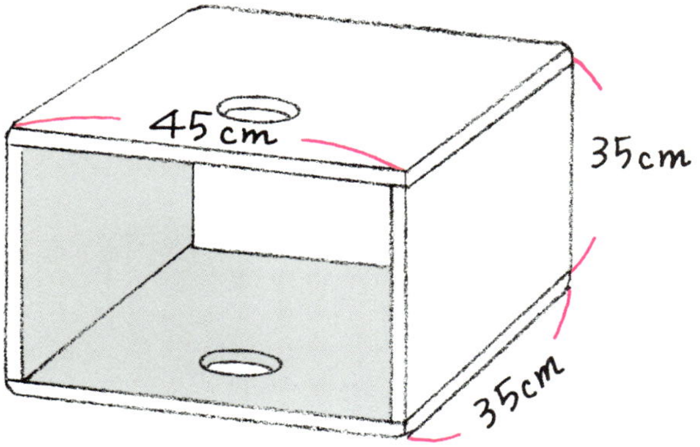

2. 合板に木材保護塗料（撥水・防水性のもの）を塗り乾かしておきます。

3. 内側の角に、添え木用の角材を木工用接着剤で接着し、補強します。

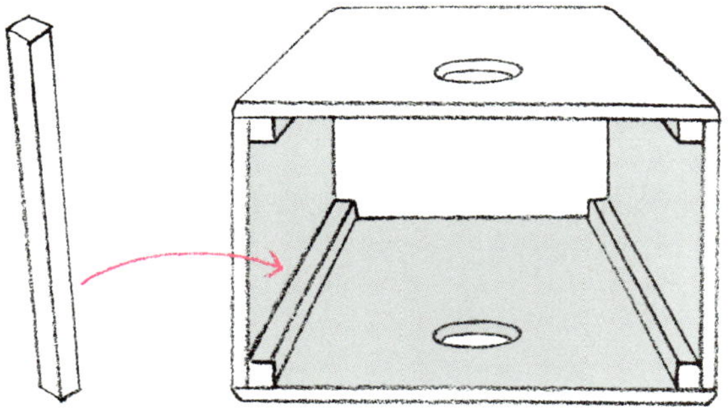

4. 正方形の面の真ん中あたりに、面取りした取っ手用の角材を木工用接着剤で貼りつけます。

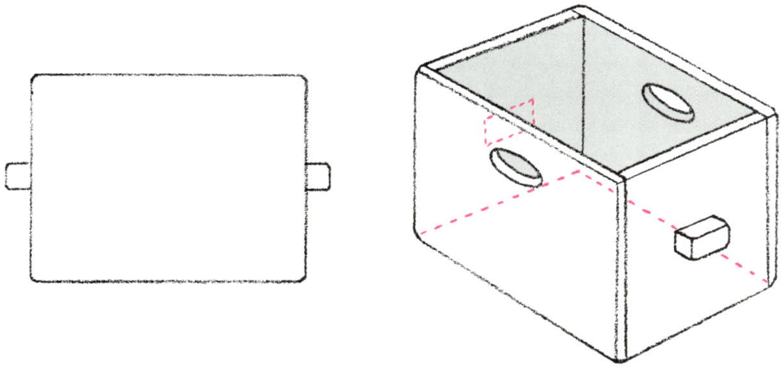

Point

- 角材の出っ張りは、箱を縦長に置くとぐらぐらするので、高さがある方向には登れない安全装置になっています。
- 特に乳児に好まれ、創造的な遊びにつながります。クラスに 3 個くらい用意しましょう。

合板でできたバランスボード

バランスボード角型

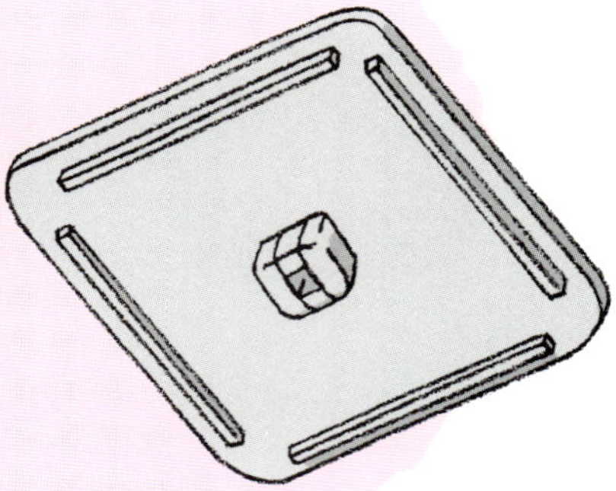

一人で乗って、グルグルこまのように回してみたり、数人で乗って、カタンコトン動きを楽しんだり。いろいろな動きを楽しめます。

＊1～5歳

遊び方

▼1～2歳

乗ってみる。
（1～2歳組は、大きい子と乗らない。）

▼4～5歳

体重のかけ方で板をグルグルこまのように回せる。

▼4～5歳

数人で乗ってシーソーのように傾きを楽しむ。

作り方

材料

- 合板（90 × 90cm　厚さ 15mm ほど）　1 枚
- 角材（8cm × 4cm × 18cm）　2 本
  （8cm × 4cm × 10cm）　2 本
  （3cm × 3cm × 60cm）　4 本
- 木工用接着剤
- ねじ釘
- 木材保護塗料（撥水・防水性のもの）

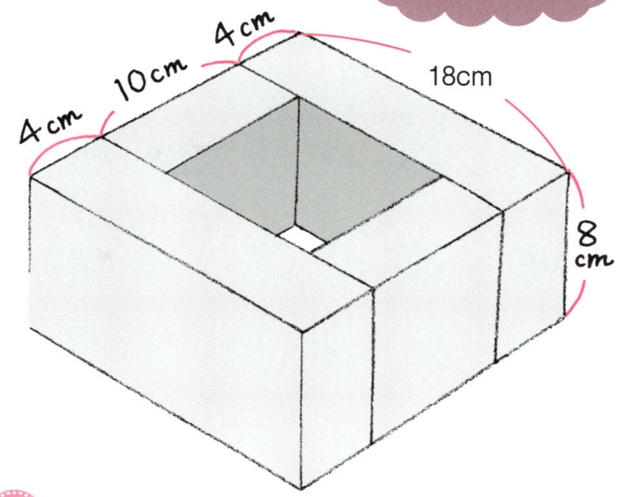

1 角材で図のような四角を作ります。角材は、木工用接着剤で貼ってねじ釘でとめます。

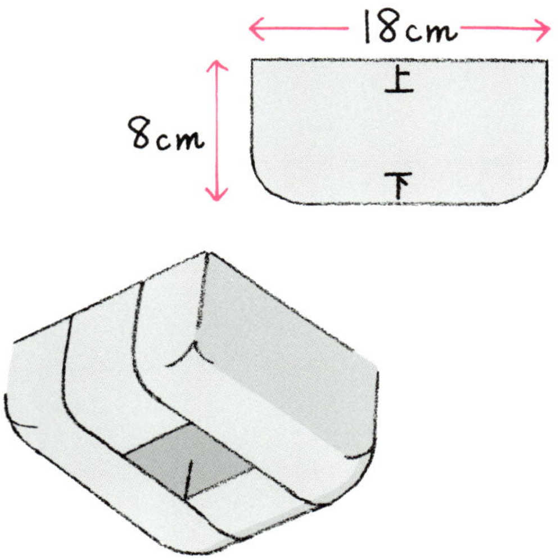

2 角を削り落とし丸くします。

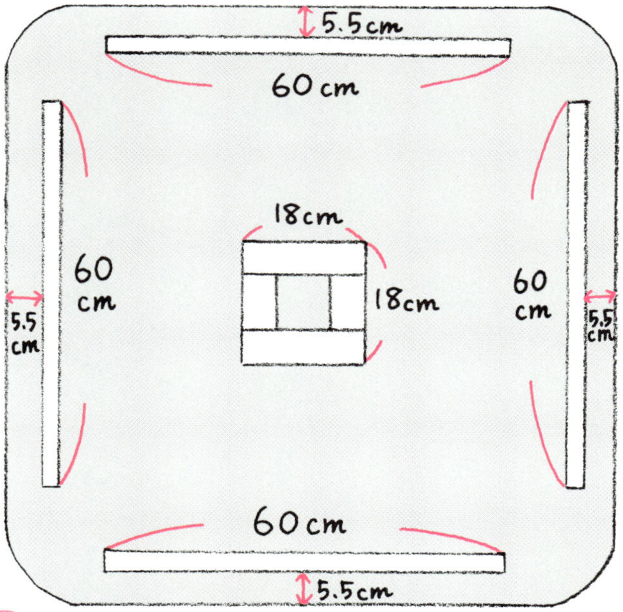

3 合板の角も削って丸くし、中心に 2 を木工用接着剤で貼ってからねじ釘でとめます。上図を参考に、四辺に細長い角材を木工用接着剤で貼り、表面からねじ釘で取り付けます。ねじ釘の頭は飛び出さないように、板に少しめり込むようにねじ込みます。

Point

- 1～5 歳児まで身体活動を促す遊具。固定遊具の少ない園はぜひ取り入れてほしいです。
- 1～2 歳組は、大きい子と一緒に乗らないようにしましょう。
- ときどき出すと興奮してけがにつながります。出しっぱなしにして毎日遊ばせましょう。

ペットボトルで作る巨大浮き袋

大型浮き袋

プール遊びで人気の浮き袋も手作りしてしまえば、安くたくさん用意でき、サイズも自由自在。子どもたちが喜ぶヒット作！

＊ 2～5歳

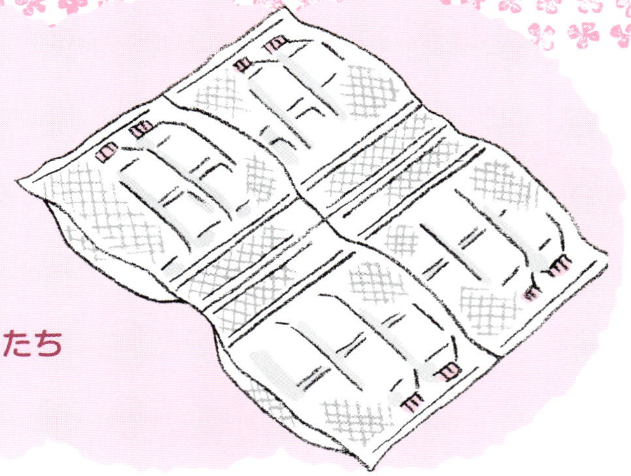

遊び方

つかまって泳ぐ。

大きめに作って、
みんなで乗っても沈まない。

作り方

材料

- 洗濯ネット　数枚（必要な大きさに縫い合わせる）
- 空のペットボトル（1.5ℓ）　多数

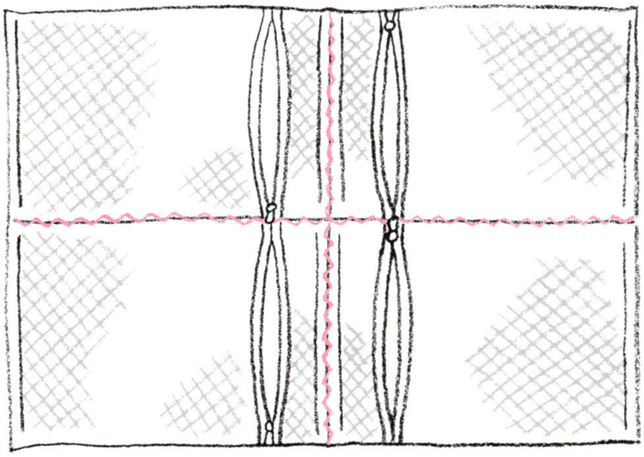

1 洗濯ネットを必要な大きさに縫いつなぎます。

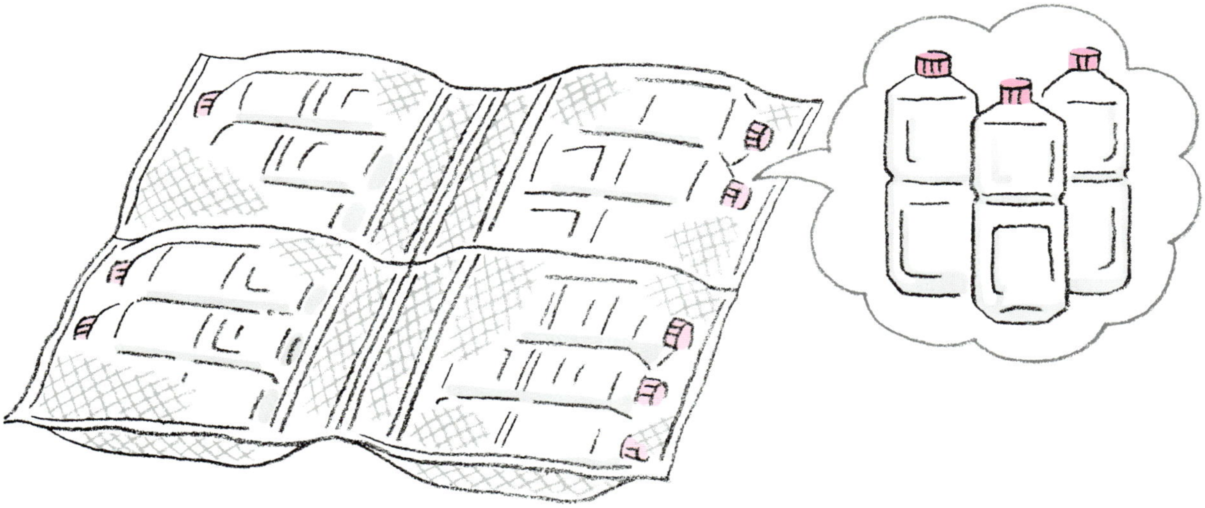

2 ふたをした空のペットボトルを洗濯ネットに３本ずつ入れ、ファスナーを締めます。

3 プールの時期が終わったら、ペットボトルを出してしまっておきます。

Point

- 水面で身体のバランスを取ったり、なん人かで上に上がって楽しんだりできます。
- 大きさは、個人用と集団用と、遊びに合わせて作っておきます。
- 遊び終わったら、立てかけて乾かしておきます。

合板で作る段差のあるテーブル

高低台

園庭の真ん中に置いておけば、登り降りしたり、テーブル代わりにして遊んだり。
異年齢の交流が自然に発生するのも楽しみです。

＊ 2～5歳

遊び方

登ったり降りたり。

テーブル代わりに。

作り方

材料

- 合板
  (天板用　90 × 90cm)　2 枚
  (高い台側板　90 × 30cm)　4 枚
  (低い台側板　90 × 20cm)　4 枚
- 脚用角材
  (高い台　9 ×4cm　長さ 35cm)　4 本
  (低い台　9 × 4cm　長さ 25cm)　4 本
- 木材保護塗料(撥水・防水性のもの)

1 天板の角を切り落として丸めます。

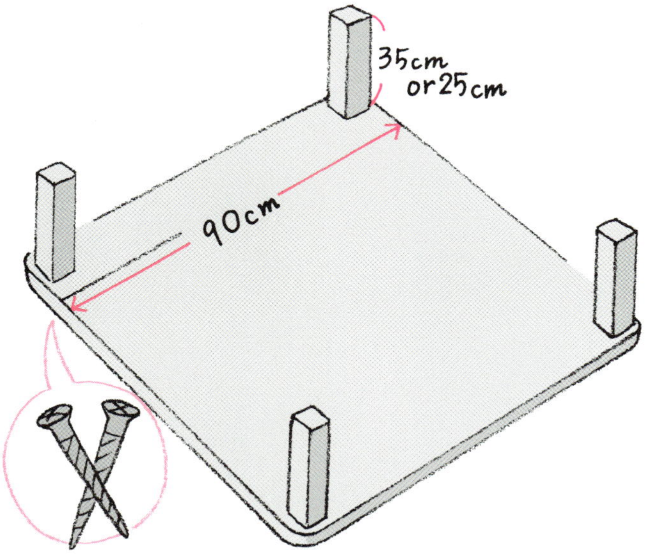

2 天板に、脚を木工用接着剤で貼ってから、表からねじ釘で取り付けます。

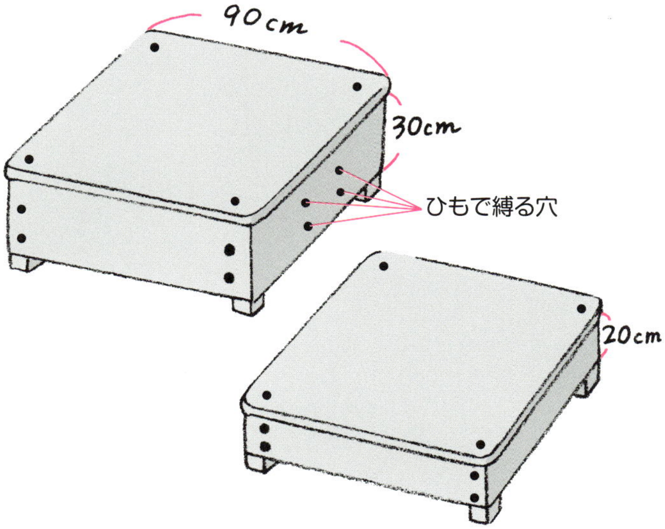

3 脚に側板を取り付けます。ねじ釘は頭が出ないように、板に少しめり込むようにねじ込みます。側板に穴を開け、高い台と低い台をひもで縛ると間があきません。

Point

- 高い台と低い台を別々にしても遊べます。全体に木材保護塗料(撥水・防水性のもの)またはペンキを塗ると、濡れても長持ちします。
- 大きい子と小さい子の遊び場エリアのおよそ真ん中に置いてみましょう。自然に交流が生まれてきます。

古タイヤと合板でできたトランポリン

タイヤボード

大きいテーブルでもあり、登降機具でもあり、ジャンプも可、どんな使い方もありです。子どもの発想で使い方は無限に広がります。

＊2～5歳

遊び方

乗り降りしたり、飛んだり。

テーブルにも。

作り方

材料

- 古タイヤ（軽乗用車用の大きさがよい） 6 個
- 合板（180cm × 90cm、厚さ 1.5cm） 1 枚
- ひも（ビニロン系ロープ直径 5mm 以上のもの、または荷造り用のひも）

1 合板の角を 2cm ほど切り落とします。

2 古タイヤは水抜き穴を開け、2 個ずつ縛ります。6 個を並べて、上に合板をのせます。

3 下のタイヤに合わせて、合板にドリルで穴を開け、タイヤと板をひもで縛ります。

Point

- 板の下の真ん中にタイヤがあるので、上で跳ねてもあまり板が弾みません。真ん中のタイヤを外すとジャンプボードになるが、板が早く消耗します。
- タイヤを 2 重に重ねると、ボードが高くなり、大きい子が喜んで遊びます。
- 合板が小さすぎると、タイヤの穴が見えてしまい、タイヤの穴と板の間に足が挟まってしまうことがあります。上図を参考にタイヤと合板の大きさはちょうどよいものを選びましょう。

丸太を交互に組んだ平均台

じぐざぐ平均台

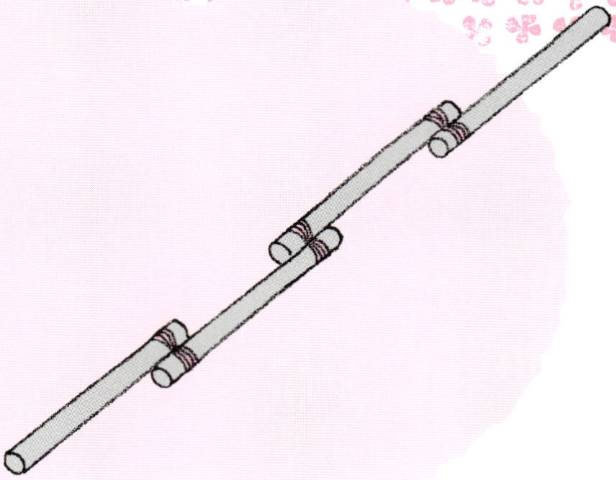

高さがないかわりに、丸太の不安定さが楽しい平均台。
足元をしっかり見ながら、バランス感覚を養います。
大きくなると、それぞれに遊び方を工夫し始めます。

＊ 2～5歳

遊び方

いこいの場に。

一方向に進む。

さあ、どうしよう？

作り方

材料

- 直径 10cm ほどの丸太材（1m ほど） 4 本
- 縄（直径 9 ～ 10㎜の太さのビニロン系ロープ等）
- 木材保護塗料（撥水・防水性のもの）

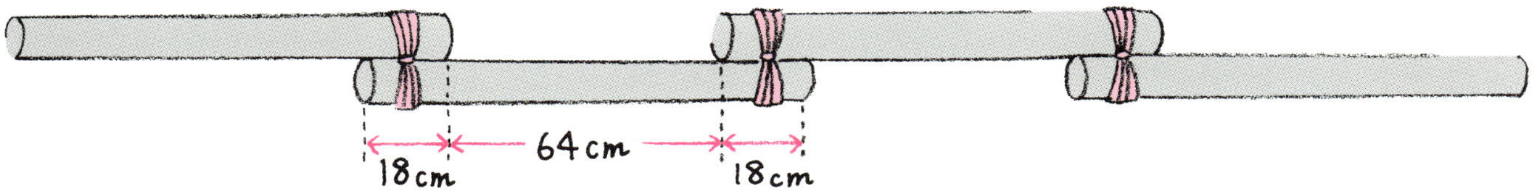

1 丸太に木材保護塗料（撥水･防水性のもの）を塗り、乾かしておきます。

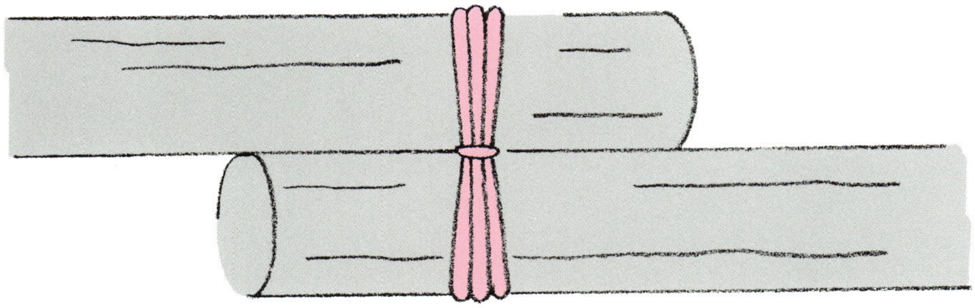

2 左図のように、2 本をじぐざぐに配して縄で縛ります。縄を三重に回してから縛ると、しっかり縛れます。

Point

- 子どもたちは、まっすぐに進めない平均台を喜びます。大きい子になると速さを競うなど、遊びはますますおもしろくなります。
- 園庭の隅っこなど、置く場所を取らないので、狭い庭の活用になります。
- 丸太は材木屋さんで取り寄せてもらえます。

丸太を四角く組んだ平均台

丸太コーナー

子どもの年齢や力に合わせて形を変えても OK。
保育者も一緒になって楽しく遊べます。

＊ 2～5歳

遊び方

作り方

材料

・丸太
（直径 10 ～ 20cm、長さは 100 ～ 150cm） 4 本
・木材保護塗料（撥水・防水性のもの）
・縄（直径 9 ～ 10mm ほど、ビニロン系ロープなど）

1 丸太に木材保護塗料（撥水・防水性のもの）を塗って乾かします。

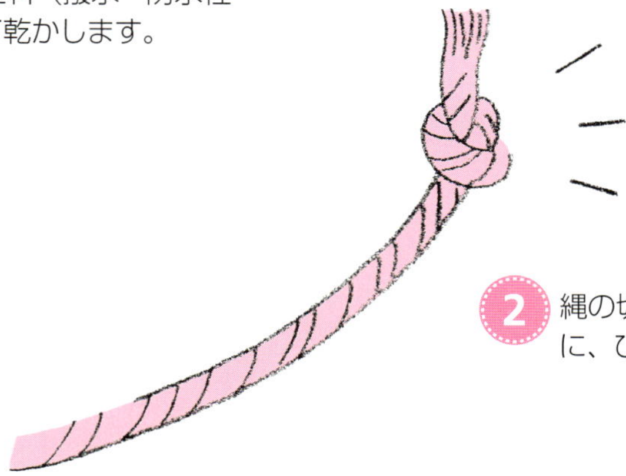

2 縄の切り端がばらばらにならないように、ひとつ結んでから使用します。

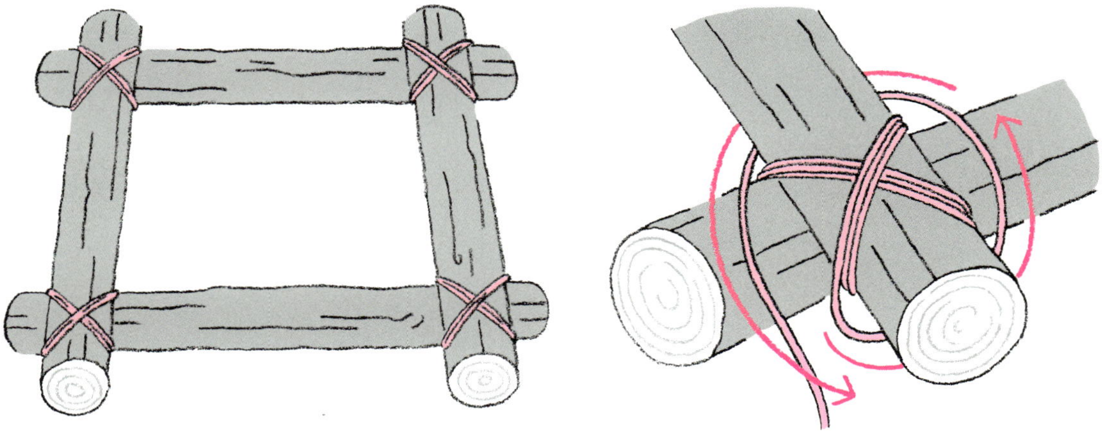

3 丸太を 2 段の井桁に置き、縄をバッテンに 3 重に回してから、丸太と丸太の間に縄を 2 回しして縛ります。
丸太の間に縄を回して、3 本の縄を束ねるように縛るとしっかり縛れます。

Point

- 縄が擦り切れてきたら取り変えます。
- 丸太の太さや長さは、置く場所によって変えましょう。

すのこ＋コンテナの基地

ボックスランド

箱に入って遊ぶのが好きな３歳未満児たち。
取りっこしないように４個並べておくと仲よく遊べます。

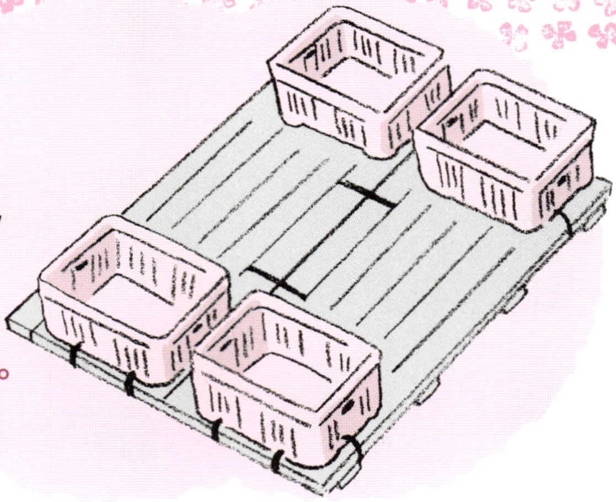

＊０～３歳

遊び方

出たり入ったり。

中と外でかかわり合って遊ぶ。

作り方

材料

- すのこ（180cm の長さのもの） 2 個
- コンテナ（40 × 30cm 程度の大きさで深さ 35cm 程度のもの） 4 個
- ひも
- 木材保護塗料（撥水・防水性のもの）

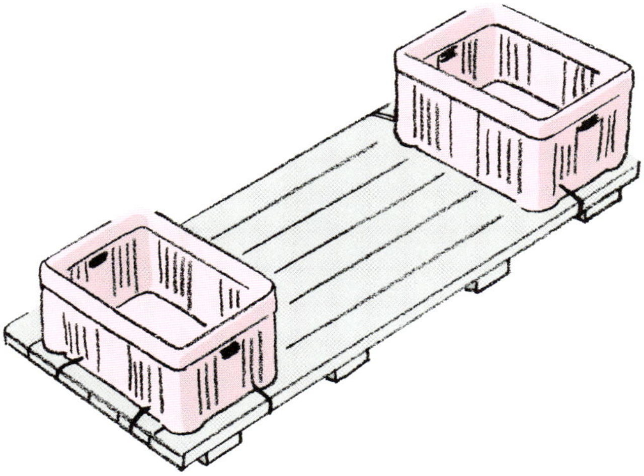

1 コンテナ 2 個を、すのこの両端に結びつけます。同じものをもう 1 つ作ります。

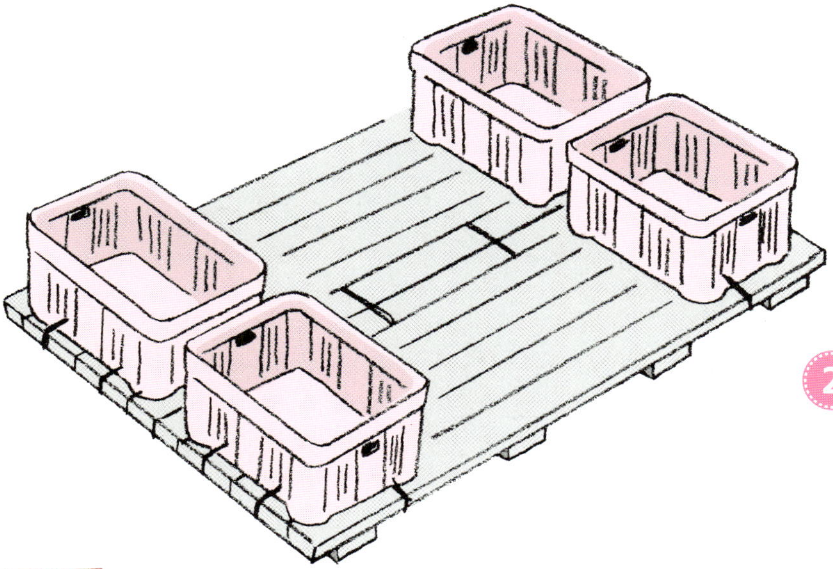

2 すのこ同士を結びつけます。すき間があかないよう、しっかり縛ります。

Point

- 砂場付近の、主に低年齢児が遊ぶエリアに置きます。
- コンテナの間をあけておくことで、コンテナの中と外で子ども同士数名のかかわり遊びが生まれます。
- 出入りを繰り返し、大きくまたぐという身体活動が安全にできるようになります。
- すのこがない場合は、コンテナだけ連結した物でも遊べます。

古テーブルを活用した大きな台

二連テーブル台

大きさと重さで設置遊具と可動遊具の区別をつけます。古い保育テーブルをリサイクルして、「なんでも遊び」をどうぞ。

＊1～5歳

遊び方

おうちごっこが始まる。

ベッド代わりに寝転がる。

カラオケごっこの舞台に。

作り方

材料

- 廃棄するテーブル（脚が折りたたみ式のもの）
  2個
- ブルーシート（180cm × 180cm ほどのもの）
  1枚
- ひも（荷造り用）

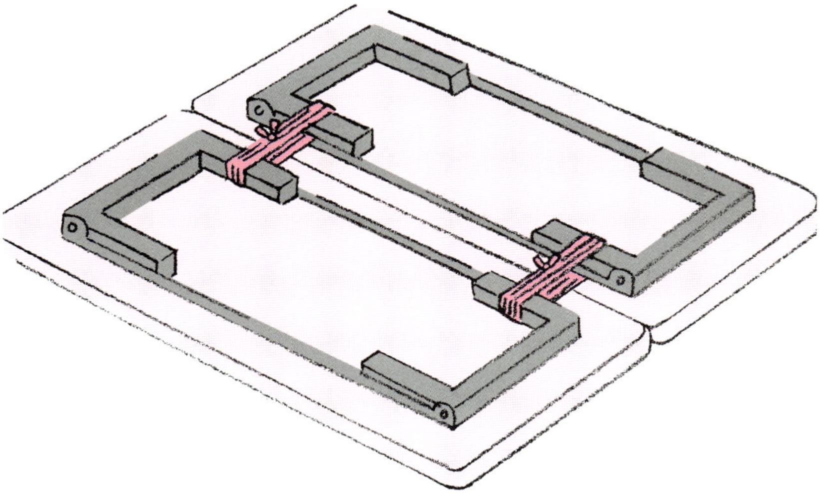

1 脚を折りたたみ、2個のテーブルの脚の部分をひもで縛って1個の台にします。

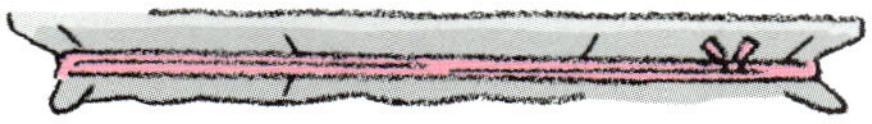

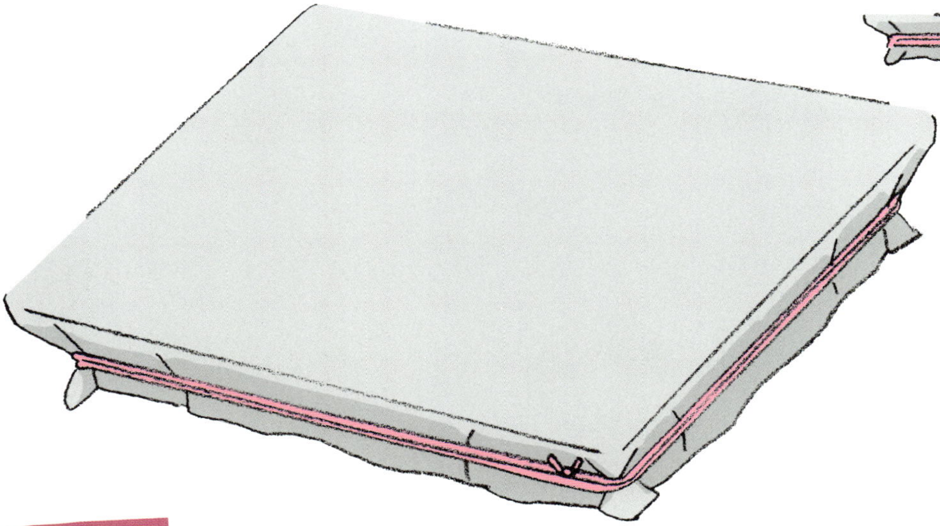

2 1のテーブルをブルーシートで覆い、ひもで縛ります。

Point

- ブルーシートで覆うことで、水濡れに強く、滑りにくくなります。また、テーブルに土足で上がる抵抗感もなくなります。
- 1個では軽くて持ち運べてしまうので、2個をつないで設置遊具とします。
- 高さがほしいときには、下に古タイヤ4個をひもでつないだものを敷きます。

すのこをつなげたいこいの場

すのこサークル

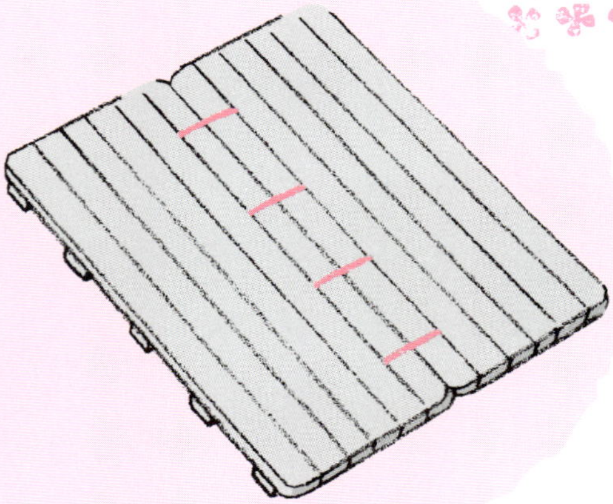

地面から高さがあることが、なにか魅力のひとつになるようです。4、5人がちょうど小集団を形成できる大きさで、おしゃべりやおうちごっこ。ガタガタ鳴らしても楽しい。

＊ 2～5歳

遊び方

おうちごっこや
おしゃべりを楽しむ。

ガタガタ音を楽しむ。

作り方

材料

- すのこ（180cm × 60cm ほどの大きさのもの） 2 枚
- ひも（ビニロン系ロープなど）
- 木材保護塗料（撥水・防水性のもの）

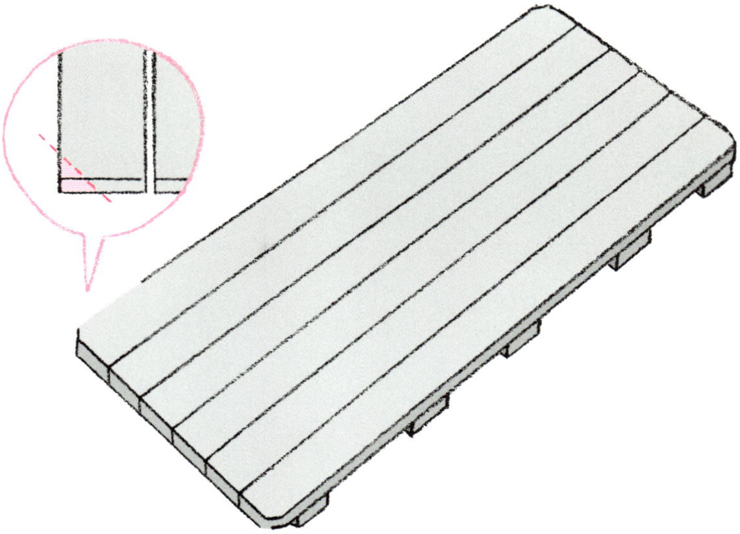

1 すのこの角を 1.5cm ほど三角に切り落としておきます。
2、3 か月使っているとすのこの釘の頭が浮いてきます。あらかじめ表からねじ釘を数か所打ち込んでおき、釘が浮いてきていないか定期的に点検しましょう。

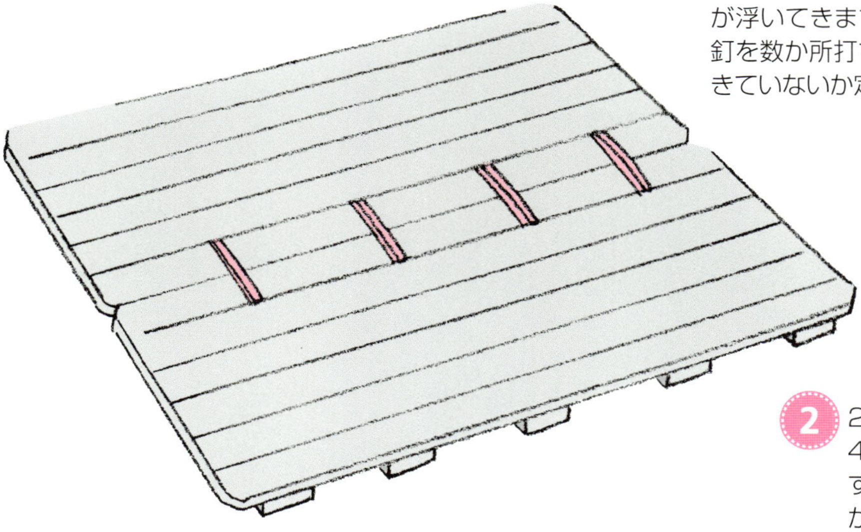

2 2 枚のすのこを裏からひもで 4 か所ほど縛ります。
すき間があかないよう、しっかり縛りましょう。

Point

- すのこは濡れても滑らない素材のものを選びます。
- 木製のすのこは、濡れると早く消耗するので、腐ってないか点検をすること。木材保護塗料を塗ると長持ちします。
- 2、3 か月使っているとすのこの釘の頭が浮いてきます。あらかじめ表からねじ釘を数か所打ち込んでおき、釘が浮いてきていないか定期的に点検しましょう。

合板で作る巨大バランスボード

バランスボード大型

ガタンゴトン遊ぶことで、バランス感覚が身につきます。動く遊具で遊ぶ子どもたちは、転倒によるけがが少なくなります。2 年後の効果を実感してみてください。

＊ 2 〜 5 歳

遊び方

ガタンゴトン揺らして遊ぶ。

作り方

材料

- 合板 (90cm × 180cm、厚さ 15mm ほど） 1 枚
- 角材
  (6cm × 6cm の太さのもの、長さ 165cm) 1 本
  (3cm × 3cm の太さのもの、長さ 45cm) 2 本
- ねじ釘
- 木工用接着剤
- 木材保護塗料（撥水・防水性のもの）

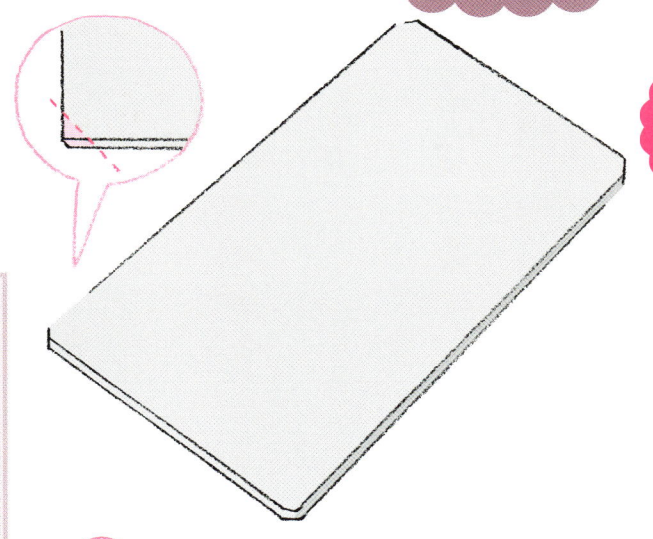

1 合板の角を 2cm ほど切り落とします。

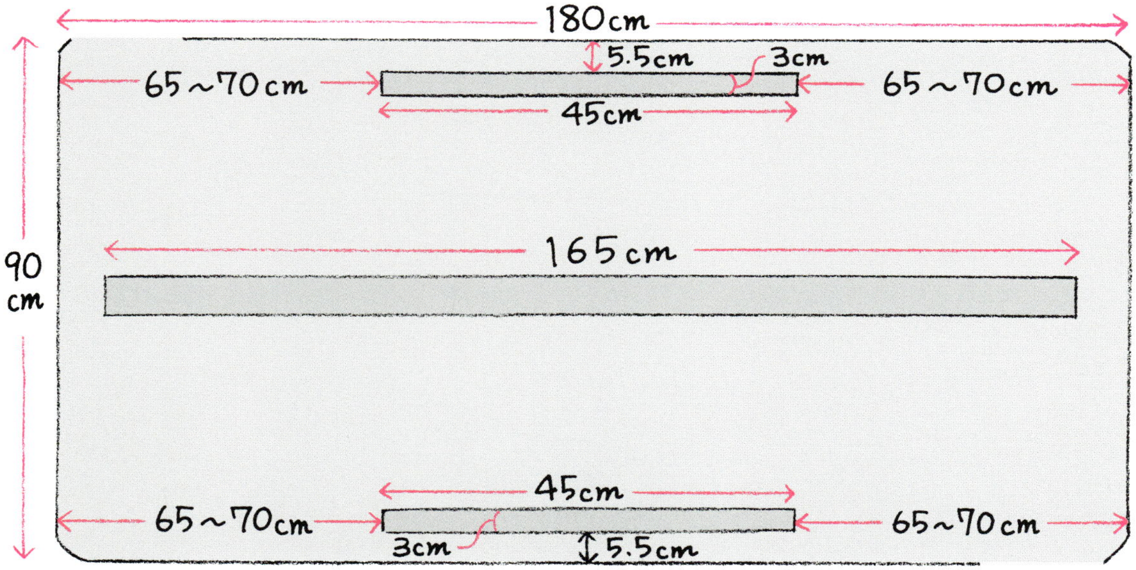

2 裏に角材を木工用接着剤で貼った後、表からねじ釘を頭がでないように、少し板にめり込むようにねじ込みます。

Point

- 大きさがあることで、なん人乗っても安定感があります。同じ方向に、あるいは反対方向にと乗っている子どもたちの思いが交錯して集団遊びが盛り上がります。
- 異年齢で乗っても楽しみながら遊べます。
- 子どものけがの要因第 1 位は転倒です。この遊具で、揺れながら斜めになった体を立て直すバランス力が養われます。

布を張っただけでやすらぎの場に

やすらぎテント

いまいち活用度が低い園庭の隅っこ。布で日よけを作ったら、たちまち子どもたちがやってきます。自発的活動を促し、より多くの子どもを園庭に呼び込みます。

＊ 2～5歳

遊び方

敷物やおもちゃを持ち込んで遊ぶ。

作り方

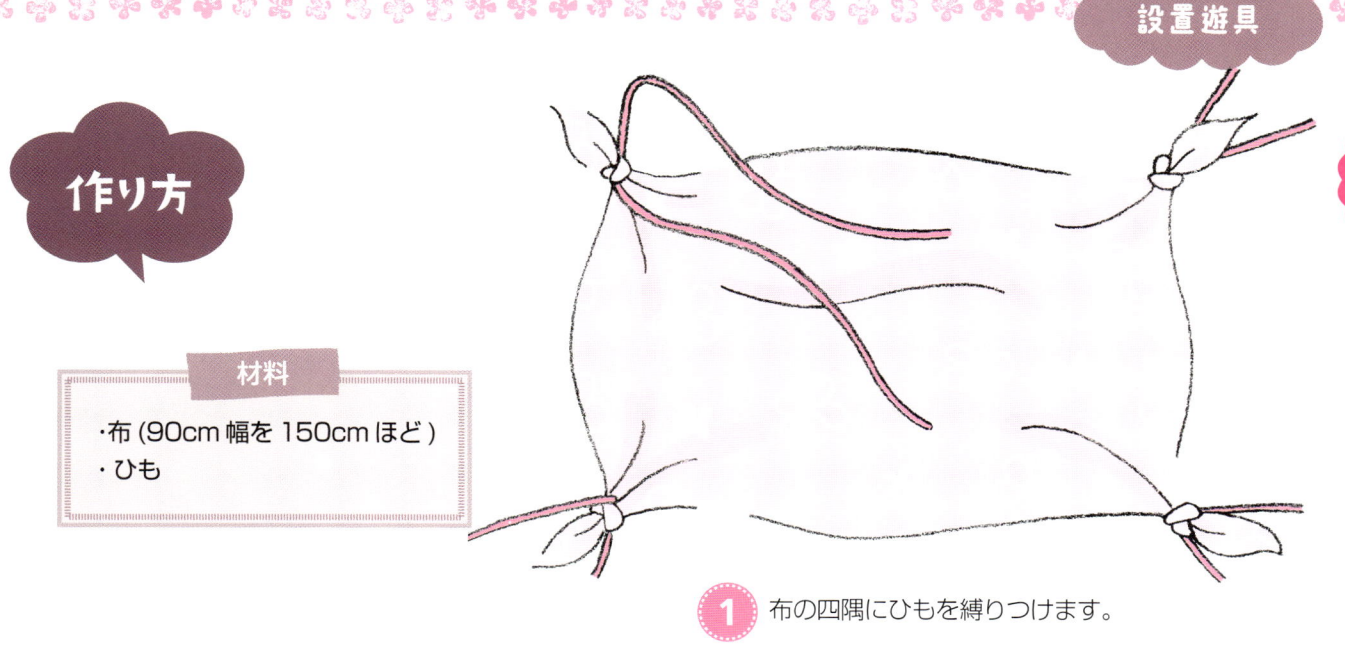

材料

・布（90cm 幅を 150cm ほど）
・ひも

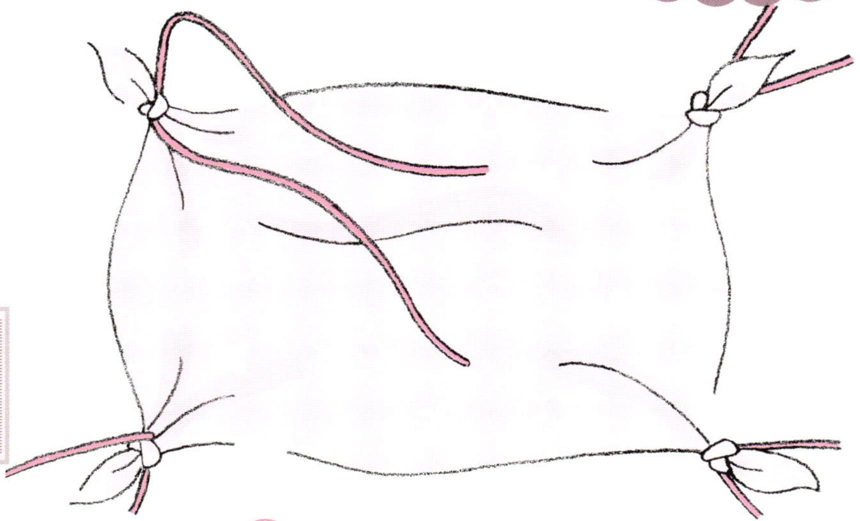

1 布の四隅にひもを縛りつけます。

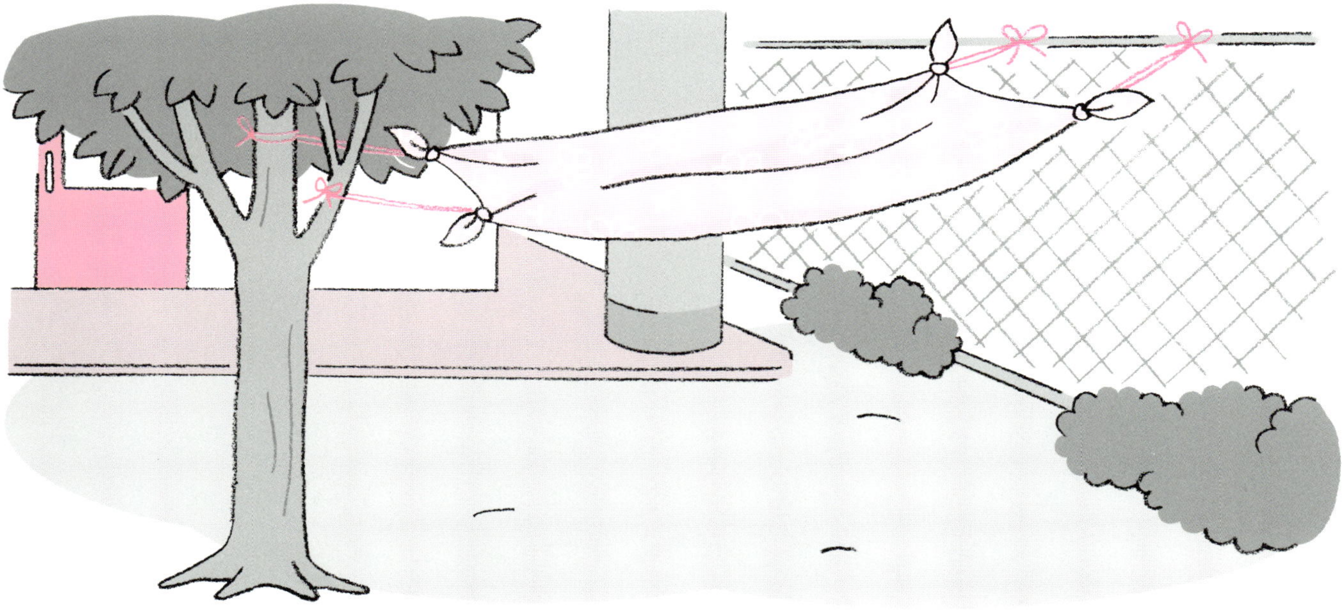

2 ひもの先を、フェンスや立木に結びつけて、布を張ります。

Point

- 園庭の隅に、布を張れて、3、4 名が遊べる場所を見つけます。
- 布は張りっぱなしに。雨で濡れてもそのまま乾きます。
- 近くに敷物とおもちゃかごを置いておくと、ごっこ遊びが長く続きます。

コラム

東間先生に質問です！ ～その②～

Q1 多種多数の遊具というと、
いったいいくつあればいいでしょうか？

A 子どもは遊具を組み合わせて長い時間創造的な活動をします。そのためには１人につき４個くらいは必要でしょうか。在籍 110 名の園として、散歩に出る人数 30 人、固定遊具遊び 15 人、砂場遊び 10 人程度とすれば、残りの 55 名に対して遊ぶものが必要になります。つまり、55 × 4 で 220 個くらいです。

そんなに!?
費用も収納場所もありません。

この本で紹介する手作り遊具は、リサイクル品を利用した安価なものばかりです。まずは、素材集めから始めましょう。収納場所がない場合、濡れてもいい物は、数か所に分けて園庭に置いておきます。

Q2 どんな素材を手作り遊具に
できますか？

A 大きく分けて下のふたつ。
リサイクル品……畳表、ござ、ブルーシート類、テーブル、椅子、すのこ、木材類、家庭の空き容器（家庭の空き容器類は、プリンカップ、樹脂製の皿、タッパー類その他です）
安価な品…人工芝、バスマット、ふろおけ、合板、ネット等

第3章

安全に遊ぶために

安全な遊びのために、保育者が心がけたいこと

- 遊具が多数あれば、トラブルなく遊べます。心の落ち着きが安全への第一歩です。
- 自主活動しやすいように、自由に出し入れできる遊具環境を整えましょう。
- ２歳児組までの室内遊びには、大きく体を動かせる遊具を取り入れて、巧みな動きが身につくよう心がけましょう。
- 揺れる、動く遊具が多いほどバランス力がついて、転びにくい身体機能が育ちます。

安全な環境作り

～巧みな身体機能が育つために～

1 可動遊具遊びの遊具導入順は平面の高さから、だんだん高くしていきましょう。

（p40 参照）

第一段階 → **平面**…… 敷物類、玩具類、平均台［高さ約7cm］、ふろおけ類（園庭、室内）

第二段階 → **準立体**… 古タイヤ、板またはすのこの組み合わせ（園庭）、 四連パック（室内）

第三段階 → **立体**…… ベンチ、ドラムカン等（園庭）、すべり台等（室内）

2 安全な遊具の遊ばせ方

- 基本的に遊具は出し続けましょう。毎日の継続した自由な遊びで、扱いが上達していきます。
- 初めて使わせるとき（新入園時など）は、興奮したり、投げたりすることもあるので注意しましょう。
- 常に多種多数出していること。ときどき出すなどすると、要領や勘が鈍って、けがにつながりやすくなります。
- 全員が使えるように遊具類がたくさんあること。取られる恐れや、早く遊びたいという焦りがトラブルや失敗を招きます。

こういう遊ばせ方は危ない！

たまに出すと……
ゆっくり落ち着いて使えない

数が少ないと……
待ちきれない子どもたち

ひとつしかないと……

遊具の点検、補充は常に行う

固定、設置、可動遊具、そのすべてを点検しましょう。

点検

・ぐらぐらしないか動かしてみます（揺らす、押す、ぶら下がる、登るなど）。
・目で見て確認します（擦り切れ、割れ、つぶれ、ゆるみなど）。

補充導入

遊具は日々消耗していきます。数の不足はトラブルの種、心の不安定はけがにつながります。
係を決めて、常に多数の遊具確保を心がけましょう。
また、さらなる遊びの拡充のために新しい遊具の導入もおすすめします。

保育者による安全点検

ゆさぶってみる。
2人でやれば100kg。

ぶら下がってみる。
わたし50kg、子どもなら3人分。

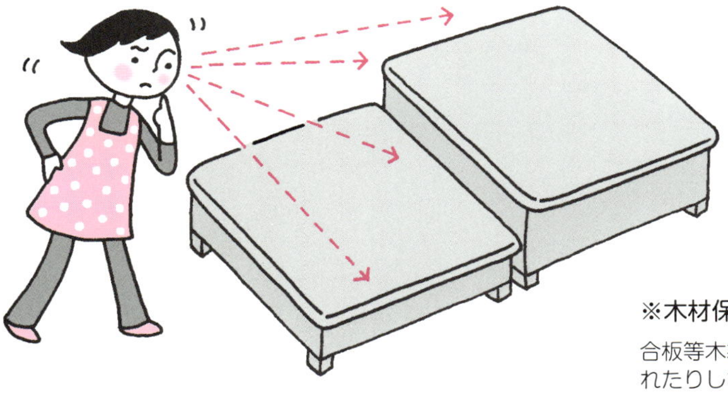

じろじろ見る。
さび？　穴？
目で見れば見つけるのも早い。

※木材保護塗料について

合板等木製遊具は雨に濡れると朽ちてきます。遊具がはがれたり崩れたりしないよう、撥水性、防水性の木材保護塗料を塗ってから製作すると、濡れても壊れにくく長持ちします。

保育者の「目・声・手」でけがを防ぐ

子どもの自由と安全の両立を目指した言葉かけや援助を心がけましょう。

●子どもが危険回避能力を身につけるためには

・ヒヤリ、ドキ！　を体験できれば、怖さを避けようとする心が育ちます。
・十分に身体活動を重ねていけば、巧みな動きが身につきます。

●保育者は子どもの自由と安全の両立を目指す保育力を

広い場所で保育者同士の動きも見ながら、全部の子どもに目が届くように流動的に連携できているかどうか常に意識を持ちます。“危ない！”という声かけはギリギリまで控え、なにかあればすぐに抱きとめられる位置に立ちましょう。

目

・常に子どもの行動を見ながら先読みをしていること。
・危なそう、を見つけたら“声か？手か？”どちらかが届く場所を迅速に判断しながら常に移動します。

声

・“やや危ない？”という場合、子どもに声が届く場所にいます。
・子ども自身が危険に気づくかを観察し、場合によっては声かけをして安全を保ちます。

手

・登って落ちたり、物が落ちてきたり、相手を押したり、危険が起こりそうな場面を見つけたら、さりげなく手の届く場所に移って抱きとめる体勢をとります。
・大人の手が少ない場合は、制止したり場所を変えさせたりして危険を未然に防ぎましょう。

園庭全体で遊ぶときの「ゾーンディフェンス」

大人の動きを互いに見て、自分のゾーンをずらしていきます。

常に隙がないように、見る場所も調整しましょう。

可動遊具で起こる危険を未然に防ぐ具体例

室内
安全のための工夫を施したり、置き場所に配慮をします。高さのある遊具の下には布団やマットを敷き、室内の木製の遊具等はキルト布で覆ったりしましょう。

室内
室内遊び中の床面からは、踏んだら滑る物だけ除きます。それ以外の散らかった遊具類は、視野の広がりを育てる効果も考え、途中で片づけず、そのままにしておきます。

室内 園庭
遊具の積み重ね（重ねた遊具の上と下にいる子ども、両方に注意）と立て掛けが始まったら、手が届く場所に寄ります。

室内 園庭
個々の運動能力（バランス力、視野等）を把握しておきましょう。その日の気分も安全な活動を左右することがあります。

ベランダ
ベランダに置く遊具は、柵の外へ子どもが落下しないよう、十分に注意をします。高さのある物、積み重ねができる遊具は置かないようにしましょう。

ベランダ 園庭
園庭やベランダでは靴を履いて遊ばせましょう。

保育者は常に手の届く場所につくようにしましょう。

遊具を積み重ねる

遊具を立て掛ける

●著者　東間掬子

元東京都公立保育園園長。こども環境アドバイザー。
日本保育学会、日本児童安全学会へ、園庭、室内遊び遊具をテーマとした研究結果を多数寄せている。保育雑誌数誌での連載をはじめ、遊びの質を高める環境、手作り遊具に関する著書多数。

touma@mdn.ne.jp
http://www.mdn.ne.jp/~touma

カバーイラスト●三浦晃子
本文イラスト●三浦晃子 / 有栖サチコ
カバー・扉デザイン●佐野裕美子
本文デザイン●佐野裕美子
本文校正●有限会社くすのき舎
編集協力●株式会社スリーシーズン
編集担当●石山哲郎

豊かな遊びを引き出す **手作り遊具**

2012 年 10 月　　初版第 1 刷発行

著　者／東間掬子　©Kikuko Toma 2012
発行人／浅香俊二
発行所／株式会社チャイルド本社
〒 112-8512　東京都文京区小石川 5-24-21
電　話／03-3813-2141（営業）　03-3813-9445（編集）
振　替／00100-4-38410
印刷・製本／図書印刷株式会社
ISBN ／978-4-8054-0205-4 C2037
NDC376 26 × 21 80P

チャイルド本社ホームページアドレス●http://www.childbook.co.jp/
チャイルドブックや保育図書の情報が盛りだくさん。どうぞご利用ください。